SOMMAIRE

Production écrite

D1514843

© 2008 Marcel Didier inc. — Reproduction interdite

Résolution de problèmes

© 2008 Marcel Didier inc. — Reproduction interdite

Français
Production écrite

1 Le texte documentaire

SUJET : Les olympiades de l'Antiquité

FICHE DE RECHERCHE

- **nom des Jeux olympiques dans l'Antiquité :** olympiades

- **1ers jeux, à Olympie en Grèce :** 776 av. J.-C.

- **une épreuve :** course autour du stade dédié au dieu Olympe (190 m)

- **1er champion olympique :** Koroïbos (cuisinier)

- **épreuves ajoutées par la suite :** lancer du disque, lancer du javelot, saut en longueur, lutte, course de chars

- **récompense :** couronne de laurier

- **participants :** hommes (nus)

- **spectateurs :** hommes seulement

- **trêve dans les guerres**

- **fréquence :** tous les quatre ans

- **dernières olympiades :** 392 après Jésus-Christ

Les olympiades de l'Antiquité

En 776 avant Jésus-Christ, à Olympie, en Grèce, a lieu la première olympiade. Il n'y a alors qu'une seule compétition, une course d'environ 200 mètres autour du stade de la ville dédié au dieu Olympe. Le premier vainqueur est un cuisinier grec du nom de Koroïbos.

Plus tard, d'autres épreuves s'ajoutent : le lancer du disque, le lancer du javelot, le saut en longueur, la lutte et la course de chars. Les gagnants de chaque discipline reçoivent comme récompense une couronne de laurier.

À cette époque, les athlètes participants sont nus et seuls les hommes sont admis sur le site des olympiades.

Durant la période des jeux, les conflits armés sont suspendus et les armes sont interdites sur le site des compétitions.

Les olympiades auront lieu tous les quatre ans jusqu'en 392 après Jésus-Christ, soit pendant presque 1 000 ans.

© 2008 Marcel Didier inc. — Reproduction interdite

Vocabulaire

1 À côté de chaque sport écris le nom de celui qui le pratique.

la bicyclette : _____

le golf : _____

la boxe : _____

la gymnastique : _____

l'équitation : _____

la natation : _____

le hockey : _____

le ski : _____

le judo : _____

le tir à l'arc : _____

Reconnaître des phrases

2 Le texte ci-dessous contient quatre phrases. Ajoute les majuscules en début de phrase et les points.

POUR T'AIDER

Une phrase commence par une majuscule et se termine par un point.

pendant les olympiades de l'Antiquité, une flamme brûlait en permanence en l'honneur de Zeus cette tradition a été reprise lors des Jeux olympiques de 1936 la flamme olympique est rallumée tous les quatre ans des athlètes se relaient pour transporter la torche jusqu'au site des jeux du pays hôte

3 Dans le texte suivant, les points et les majuscules sont mal placés. Recopie le texte en les mettant aux endroits qui conviennent.

dans chaque épreuve, trois athlètes. Sont récompensés l'athlète qui réussit. La meilleure performance reçoit la médaille d'or on fait. Jouer l'hymne national de chaque médaillé. Lorsqu'il monte sur le podium. Un des plus grands athlètes des jeux. De l'ère moderne est Nadia Comaneci. Cette gymnaste. Roumaine a gagné sept médailles d'or aux Jeux olympiques de Montréal, en 1976

_____

_____

_____

_____

_____

_____

_____

_____

© 2008 Marcel Didier inc. — Reproduction interdite

Construire des phrases

4 Construis un texte de cinq phrases en utilisant les groupes sujets et les groupes du verbe ci-dessous.

Groupes sujets

La défaite

Certains athlètes

On

Un boxeur déçu

Une équipe de hockey sur gazon

Groupe du verbe

réagissent très mal.

est parfois difficile à accepter.

a arrosé d'eau le président de la fédération internationale.

a déjà vu des perdants piétiner leur médaille d'argent.

a protesté en restant assis plus d'une heure au milieu du ring.

_____

_____

_____

_____

_____

_____

_____

Dans une phrase de base, ce qui indique de qui ou de quoi l'on parle est le **groupe sujet**. Ce qui indique ce que l'on en dit est le **groupe du verbe**.

Dans une phrase de base, on écrit d'abord le **groupe sujet**, puis le **groupe du verbe**.

Exemple :   La victoire appartient aux lève-tôt.

                         groupe sujet   groupe du verbe

POUR T'AIDER

Écrire un texte documentaire

 Parmi les textes suivants, un seul est un texte documentaire. Entoure-le.

Un but signé Zidane

La tension est palpable dans le stade. Il reste dix secondes à jouer. Le pointage est toujours zéro à zéro. Soudain, Zinedine Zidane, le capitaine de l'équipe, s'échappe et se retrouve seul devant le gardien de l'Espagne. Il feinte à gauche, le gardien bouge un peu à sa droite et Zidane n'a qu'à pousser le ballon dans un filet grand ouvert. Le sifflet de l'arbitre se fait entendre : le but est accordé ! Aussitôt, la foule dans les gradins se déchaîne et se met à crier, à pleurer et à chanter !

Deux questions à Zidane

— Pourriez-vous nous décrire votre but ?

— Je ne me souviens de rien. Tout s'est fait par instinct. Quand j'ai eu le ballon, j'ai regardé le défenseur dans les yeux et j'ai su, dès ce moment-là, que je marquerai. C'est tout.

— Vous êtes le héros du match. Êtes-vous content ?

— Bien sûr que je suis content, même si je considère que j'ai joué un très mauvais match dans l'ensemble.

Zinedine Zidane

Zinedine Zidane est une grande vedette du soccer. Pour certains connaisseurs, il a été le meilleur joueur au monde. Né dans le sud de la France, à Marseille, le 23 juin 1972, Zidane est d'origine algérienne. Il a fait partie de l'équipe nationale de France dont il a été le capitaine. Il a joué pour le Real de Madrid. Sa position était milieu de terrain. Il portait le numéro 10 pour l'équipe de France et le numéro 5 pour le Real de Madrid. Zinedine Zidane est marié, il a quatre enfants.

POUR T'AIDER

Un texte documentaire est un texte rédigé à partir d'une recherche. Il donne des informations sur un sujet précis.

Le sujet d'un texte documentaire peut être un animal, une plante, un événement historique, une personnalité, etc.

© 2008 Marcel Didier inc. — Reproduction interdite

6 Complète la fiche de recherche ci-dessous à partir du texte que tu as entouré à la page précédente.

SUJET : _____

FICHE DE RECHERCHE

- **Sport :** _____
- **Date de naissance :** _____
- **Lieu de naissance :** _____
- **Équipes :** _____
- **Position :** _____
- **Numéros de chandail :** _____
- **Situation familiale :** _____

7 Numérote les phrases dans l'ordre logique où elles devraient se lire pour que le texte soit compréhensible

Le soccer

☐ Leur objectif est de faire entrer le ballon dans le but adverse

☐ Le soccer est le sport le plus pratiqué au monde.

☐ Ce dernier peut être intercepté par toutes les parties du corps, excepté les bras et les mains.

☐ Au cours d'un match, les joueurs courent presque sans arrêt

☐ Les joueurs utilisent leurs pieds pour contrôler le ballon.

☐ L'endurance est donc la première qualité d'un joueur de soccer.

☐ Deux équipes de 11 joueurs s'affrontent.

8 À partir de la fiche de recherche ci-dessous, écris un texte documentaire d'environ 100 mots.

SUJET : Les Jeux olympiques modernes

FICHE DE RECHERCHE

- **Année des 1ers jeux :** 1896

- **Lieu :** Athènes, Grèce

- **Fondateur :** le Français Pierre de Coubertin

- **Nombre de pays participants :** 14 en 1896, aujourd'hui, plus de 200

- **Nombre d'épreuves :** 9 en 1896 (athlétisme, cyclisme, escrime, gymnastique, haltérophilie, lutte, natation, tennis, tir) ; aujourd'hui, environ 30

- **Récompense :** en 1896, une médaille d'argent et une branche d'olivier ; aujourd'hui, des médailles d'or, d'argent, de bronze

- **Fréquence :** tous les quatre ans

- **Devise :** *Citius, altius, fortius* (plus vite, plus haut, plus fort)

- **Symbole :** cinq anneaux entremêlés = cinq continents (Afrique, Asie, Océanie, Europe, Amérique)

© 2008 Marcel Didier inc. — Reproduction interdite

2 La description

Nimus invite ses hôtes dans la petite maison. Bruno n'en revient pas !
Autour d'un foyer de pierres dans lequel une flamme réchauffe
une pièce minuscule, il y a une table de bois, une demi-douzaine
de chaises, deux paillasses, une armoire et un poêle de fonte
ronflant en duo avec l'âtre. Du plafond, sous d'énormes poutres,
pendent des herbes séchées, des saucissons secs, des tresses d'ail
et un orchestre de casseroles. Un chaudron de la grosseur d'une
baignoire exhale l'odeur de la viande braisée.

D'après Francine Allard, *Mon royaume pour un biscuit*,
coll. «Caméléon», Montréal,
Hurtubise HMH, 2005.

© 2008 Marcel Didier inc. — Reproduction interdite

Vocabulaire

1 Écris les mots correspondants à chaque définition. Tous ces mots se trouvent dans le texte de la page précédente.

Un _____ : personne qui est invitée.

Une _____ : meuble de rangement.

Un _____ : morceau de musique pour deux voix ou deux instruments.

Un _____ : partie d'une cheminée où brûle le feu.

Une _____ : grosse pièce de bois ou de métal qui sert à soutenir un mur, une maison, un pont, etc.

Un _____ : récipient muni de deux anses, utilisé pour faire cuire les aliments.

_____ : faire cuire à feu doux.

Enrichir les phrases

2 Complète le texte en utilisant les adjectifs de la liste. N'oublie pas de faire les accords nécessaires.

| fastueux | incliné | scintillant | somptueux |

Enfin, Urashima distingua dans le lointain une _____

porte de corail ornée de perles et de pierres précieuses

_____. Derrière, se dressaient les toits

_____ et les pignons d'une _____

demeure de corail.

D'après Margaret Mayo,
Urashima, coll. «Ribambelle»,
Paris, Hatier, 2003.

© 2008 Marcel Didier inc. — Reproduction interdite

Éviter les répétitions

3 Réécris le texte de la carte postale en remplaçant les répétitions soulignées par les pronoms personnels *elle*, *ils*, *la*, *les*, *leur*.

Chère Aglaé,

Depuis quelques jours, je suis en vacances avec ma mère dans un endroit super calme. Ma fenêtre donne sur un magnifique lac. En ce moment, une cane y promène ses canetons. Les canetons sont encore tout petits et les canetons suivent la cane à la file indienne. Maman envoie aux canetons des miettes de pain par la fenêtre. Maman ne changera jamais. Quand maman voit des bébés, même des oisillons, maman trouve toujours le moyen de nourrir les bébés.

Justine

Aglaé Morissette
14, rue des Chênes
Rimouski (Québec)
G5L 4B6

_____

_____

_____

_____

_____

POUR T'AIDER

Il(s) remplace un groupe du nom masculin singulier (ou pluriel).
Elle(s) remplace un groupe du nom féminin singulier (ou pluriel).
Il(s) et **elle(s)** sont toujours **sujets**.

Exemple: **Justine** est en vacances. **Elle** habite à l'hôtel.

La remplace un groupe du nom féminin singulier.
Les et **leur** remplacent un groupe du nom au pluriel (masculin ou féminin).
La, **les** et **leur** font partie du groupe du verbe, ils se placent avant le verbe.

Exemple: La cane surveille **ses canetons**. → La cane **les** surveille.

4 Pour éviter les répétitions, réunis les deux phrases en une seule en utilisant le pronom qui.

a) Au milieu du lac, Justine aperçoit un héron. Le héron a la tête dans l'eau.

_____

b) Une grenouille verte attrape un maringouin. Le maringouin passait par là.

_____

c) À gauche, dérive une chaloupe ayant à son bord deux pêcheurs. Les deux pêcheurs se sont endormis.

_____

d) Tiens, je vois maman. Maman court après un papillon sur la plage.

_____

e) Je ne vois rien avec ces jumelles. Ces jumelles ne sont pas ajustées.

_____

f) Je ne peux plus supporter cet endroit. Cet endroit m'ennuie royalement.

_____

POUR T'AIDER

Pour éviter les répétition, on peut utiliser un pronom personnel ou encore faire une seule phrase en utilisant le pronom relatif **qui**.

Exemples :

La cane surveille **ses canetons**. **Ses canetons** apprennent à nager.

La cane surveille **ses canetons**. **Ils** apprennent à nager.

La cane surveille **ses canetons qui** apprennent à nager.

© 2008 Marcel Didier inc. — Reproduction interdite

Un seul des deux textes ci-dessous est une description. Entoure-le.

 ## La Reine des Neiges (extrait)

Kay a accroché sa luge à un traîneau qui file comme le vent. Il neige si fort que l'enfant ne voit rien autour de lui. Incapable de détacher sa luge, il demeure prisonnier du traîneau qui fonce dans la tempête. Il se met à crier de toutes ses forces, mais personne ne l'entend. De temps en temps, l'attelage franchit d'immenses fossés et le garçon est secoué de terribles soubresauts. Il est terrifié.

D'après Hans Christian Andersen,
La Reine des Neiges.

 ## La Reine des Neiges (extrait)

Gerda arrive devant les portes de glace du palais de la Reine des Neiges. Les murs sont faits de bancs de neige que les vents cinglants ont creusés çà et là de portes et de fenêtres. À l'intérieur du château, il y a plus de cent pièces, certaines si vastes qu'on n'en voit pas l'extrémité. Toutes les pièces d'un blanc étincelant sont vides et glacées, éclairées seulement par la lumière bleutée de l'aurore boréale. Au centre du palais, s'étend un lac gelé, dont la glace brisée forme une énorme mosaïque.

D'après Hans Christian Andersen,
La Reine des Neiges.

POUR T'AIDER

Faire une **description**, c'est dépeindre un objet, un animal, un lieu, etc. afin que le lecteur puisse très bien l'imaginer.

Dans une **description**, on ne décrit pas tout, mais seulement les détails importants, ceux que l'on veut mettre en évidence.

Pour décrire un objet ou un animal, on peut donner des détails sur sa forme, sa couleur, sa taille, son usage (pour un objet) ou ses habitudes (pour un animal).

6 Dans quel sens est présentée chacune des descriptions ci-dessous ?

A Au pied du sapin, la crèche est installée, bien à l'abri d'une montagne de cadeaux. Sur les branches les plus basses de l'arbre, de minuscules bonbons dorés sont suspendus, comme des étoiles au-dessus du toit de la crèche. Disséminés un peu partout, des anges aux ailes d'argent réfléchissent la lumière. Une guirlande multicolore entoure les plus hautes branches. Au sommet du sapin trône l'étoile de David.

Sens de la description :

_____

B Au sommet du sapin trône l'étoile de David. Une guirlande multicolore entoure les plus hautes branches de l'arbre. Disséminés un peu partout, des anges aux ailes d'argent réfléchissent la lumière. Sur les branches les plus basses, de minuscules bonbons dorés sont suspendus. Ils sont comme des étoiles au-dessus du toit de la crèche, installée au pied du sapin, bien à l'abri d'une montagne de cadeaux.

Sens de la description :

_____

C On voit d'abord, montée sur une mule, une vieille paysanne emmitouflée de fourrure. Une jeune fille portant un sac à dos marche derrière. Elle tient un petit garçon par la main. Un gros chien noir les suit. Au loin, on aperçoit la cime enneigée des montagnes.

Sens de la description :

_____

POUR T'AIDER

Pour décrire un lieu, on doit choisir **un sens à la description** : de l'extérieur vers l'intérieur (ou de l'intérieur vers l'extérieur), du centre aux alentours (ou des alentours au centre), de gauche à droite (ou de droite à gauche), de haut en bas (ou de bas en haut), du devant vers l'arrière (ou de l'arrière vers l'avant).

© 2008 Marcel Didier inc. — Reproduction interdite

7 Numérote les phrases dans l'ordre où elles devraient apparaître pour que la description du village où est né mon arrière-grand-père se fasse du centre vers les alentours.

☐ De là, trois rues d'asphalte bordées de coquettes maisons de bois partaient en étoile vers les champs cultivés autour du village.

☐ L'église était le cœur du village où est né mon arrière-grand-père.

☐ Au-delà, s'étendait l'immense forêt de feuillus dans laquelle mon arrière-grand-père allait bûcher pendant tout l'hiver.

☐ Peu à peu, les rues devenaient des rangs et les fermes se faisaient de plus en plus rares.

☐ En face de l'église, autour d'une petite place, s'étaient installés le magasin général, l'école et la caisse populaire.

8 Le sens de la description ci-dessous est de gauche à droite. Complète le texte avec les mots suivants.

à droite	au centre	derrière

à l'extrême gauche	à l'extrême droite

« Regarde, me dit mon arrière-grand-père, c'est une photo de mon dernier camp de bûcheron. Moi, je suis _____.

_____ les deux avec des grosses tuques sur la tête, ce sont les frères Lavertu, Dominique et Jacques.

_____ de Jacques, celui qui tient une hache, c'est Jos Cabana. Jos s'occupait du cheval dont on voit juste la queue _____. _____ Jos, adossé à la cabane, c'est Raymond Francœur, le cuisinier du camp. »

9 Benjamin envoie à son grand-père une photo de son équipe de hockey. Fais-en la description pour que celui-ci comprenne bien qui est sur la photo.

Cher grand-papa,

_____

_____

_____

_____

_____

_____

_____

_____

_____

_____

Ton petit-fils Benjamin qui t'aime beaucoup.

Attention !
Tu es Benjamin et tu dois te situer sur la photo. Pour tes coéquipiers et ton entraîneur, sers-toi des prénoms suivants : Aramis, Éloi, Nicolas, Jonas, Léonard, Ambroise, Luigi, Muguette, Clémence, Sylvain.

© 2008 Marcel Didier inc. — Reproduction interdite

Décampe !

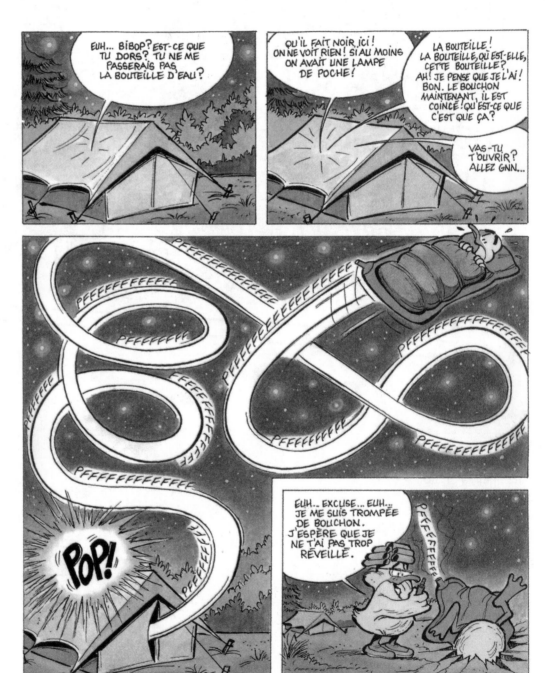

Raymond Parent, *Bibop. Ça passe et ça casse!*,
Montréal, Les 400 coups, 2002.

© 2008 Marcel Didier inc. — Reproduction interdite

Vocabulaire

1 Associe chaque illustration à son onomatopée.

Des onomatopées

A. Pop   B. Vroum   C. Scrtch Scrtch   D. Zzzziii
E. Pffffff   F. Flap Flap Flap   G. Boing   H. Paf
I. Grrr   J. Tap Tap

1

2

3

4

5

6

7

8

9

10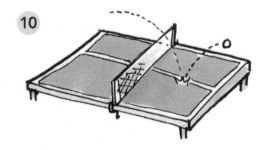

1 _____ 2 _____ 3 _____ 4 _____ 5 _____

6 _____ 7 _____ 8 _____ 9 _____ 10 _____

© 2008 Marcel Didier inc. — Reproduction interdite

Les quatre types de phrases

2 Dans la bande dessinée de la page 18, choisis un exemple pour chaque type de phrase et recopie-le.

Phrase déclarative : _____

Phrase interrogative : _____

Phrase exclamative : _____

Phrase impérative : _____

> **POUR T'AIDER**
>
> - Une **phrase déclarative** permet de dire quelque chose, d'énoncer un fait, et elle se termine par un point.
> - Une **phrase interrogative** permet de poser une question et se termine par un point d'interrogation.
> - Une **phrase exclamative** permet d'exprimer une émotion et se termine par un point d'exclamation.
> - Une **phrase impérative** permet de donner un ordre ou un conseil et elle se termine par un point ou par un point d'exclamation.

3 Écris la question qui correspond à chaque réponse en utilisant l'expression Est-ce que.

Questions	Réponses
a) _____	Oui, je déteste les épinards.
b) _____	Non, il déteste les épinards.
c) _____	Non, Carmen ne vient pas.
d) _____	Oui, Luc a mangé des épinards.

> **POUR T'AIDER**
>
> **Est-ce que** se place au début de la phrase interrogative. Les autres mots sont dans le même ordre que dans une phrase déclarative.
> Exemple : **Est-ce que** Clara vient au bal ?

4 Écris la question qui correspond à chaque réponse sans employer l'expression Est-ce que.

Questions	Réponses
a) _____	Oui, je déteste les épinards.
b) _____	Non, il déteste les épinards.
c) _____	Non, Carmen ne vient pas.

POUR T'AIDER

Dans une phrase interrogative, le pronom personnel sujet se place après le verbe.

Quand le sujet est un groupe du nom, le sujet est repris par un pronom personnel placé après le verbe.

Exemples : Vient-**elle** au bal ?   **Clara** vient-**elle** au bal ?

Attention ! Lorsque le verbe est à un temps composé, le pronom personnel se place après l'auxiliaire.

Quand le verbe (ou l'auxiliaire) se termine par une voyelle, il faut ajouter un **t**.

Exemples : Est-**elle** venue au bal ?   A-**t**-**elle** aimé le bal ?

5 Écris la question qui correspond à chaque réponse en utilisant un mot interrogatif.

Questions	Réponses
a) _____	Parce que c'est bon pour la santé.
b) _____	Ces épinards coûtent 2,25 $.
c) _____	Carmen habite en Espagne.
d) _____	Il reviendra à Pâques.

POUR T'AIDER

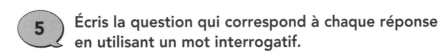

Dans une phrase interrogative, le **mot interrogatif** (quand, pourquoi, comment, où, que, etc.) se place toujours au **début** de la phrase, quelle que soit la construction employée.

Exemples :

Où est-ce que tu vas ?   **Où** vas-tu ?   **Où** Clara va-t-elle ?

21

© 2008 Marcel Didier inc. — Reproduction interdite

6 Toutes les phrases interrogatives ci-dessous sont fautives. Après chaque phrase, écris le numéro correspondant à la faute, puis réécris la phrase correctement. Attention, il peut y avoir plusieurs fautes dans une phrase.

a) Elle vient quand? ◯ et ◯ _____

b) Pourquoi tu pleures? ◯ _____

c) D'où arrive-telle? ◯ _____

d) Où est-ce que Jasmine est-elle allée? ◯ _____

e) Comment il faut faire? ◯ _____

f) Pourquoi que tu ris? ◯ et ◯ _____

g) Tu restes-tu? ◯ _____

Une phrase interrogative est fautive lorsque:

① le sujet n'est pas placé après le verbe;

② le trait d'union a été oublié ou mal placé;

③ le mot interrogatif n'est pas au début de la phrase;

④ le mot interrogatif est suivi de **que**;

⑤ deux constructions interrogatives sont utilisées;

⑥ deux pronoms personnels sont utilisés comme sujet.

---

7 Relie chaque phrase exclamative à l'émotion qu'elle exprime.

Comme il est courageux! •   • la peur

Il y a un monstre dans le placard! •   • l'admiration

J'ai mal aux pieds! •   • la souffrance

Enfin, j'ai terminé! •   • la surprise

Espèce de malappris! •   • le soulagement

Que je suis content! •   • la joie

Oh! Regarde, une étoile filante! •   • la colère

© 2008 Marcel Didier inc. — Reproduction interdite

8 Sans ajouter de mots, transforme chaque phrase en phrase exclamative.

a) J'en ai vraiment assez. _____

b) Tu me casses les oreilles. _____

c) Décampe. _____

POUR T'AIDER

> Pour faire une phrase exclamative, on peut tout simplement terminer une phrase déclarative ou impérative par un point d'exclamation.
> Exemples :
> J'ai mal aux dents. → J'ai mal aux dents !
> Va chez le dentiste. → Va chez le dentiste !

9 À partir de chaque phrase déclarative, écris une phrase exclamative en utilisant le mot entre parenthèses.

a) (comme) Il fait froid. _____

b) (que) Tu as un chapeau étrange. _____

c) (quel) Il fait une drôle de tête. _____

d) (comme) Elle a un beau chien. _____

e) (quel) Ce sont des champions. _____

POUR T'AIDER

> On peut construire une phrase exclamative avec les mots **comme**, **que** (**qu'**) ou **quel**.
> **Comme**, **que** et **quel** se placent au début de la phrase exclamative.
> Exemples : Ce garçon est bizarre. → **Comme** ce garçon est bizarre !
> → **Que** ce garçon est bizarre !
> → **Quel** garçon bizarre !
>
> **Attention !** Lorsque l'on emploie **quel**, on doit supprimer ou déplacer des mots.
> Exemples : Ce garçon est bizarre. → **Quel** garçon bizarre !
> Tu as l'air bizarre. → **Quel** air bizarre tu as !
>
> **Attention ! Quel** est un déterminant, il prend le genre et le nombre du nom qu'il accompagne.

 © 2008 Marcel Didier inc. — Reproduction interdite

10 **Écris une phrase impérative pour chaque situation.**

a) En classe, Martin demande à son voisin Ludovic de lui prêter sa règle.

_____

b) Ludovic dit à Martin de lui rendre son crayon.

_____

c) Le professeur, impatient, dit à Martin et à Ludovic d'arrêter de bavarder.

_____

d) Martin demande à Ludovic de le laisser regarder sa feuille.

_____

e) Ludovic répond à Martin de le laisser tranquille.

_____

f) Le professeur dit à Martin de se lever et de réciter le verbe aller à l'impératif.

_____

POUR T'AIDER

Pour construire une phrase impérative, on met le verbe au mode impératif.

Exemples :

Le professeur dit à un élève de lire le texte. → **Lis** le texte.

Le professeur dit aux élèves ainsi qu'à lui - même de lire le texte. → **Lisons** le texte.

Le professeur dit aux élèves de lire le texte. → **Lisez** le texte.

Écrire une bande dessinée

 11 Les cases de la bande dessinée ci-dessous ont été mélangées. Numérote-les dans l'ordre (de 1 à 6) où elles devraient être.

Martin, tu déranges sans arrêt la classe, tu n'écoutes pas, tu oublies toujours tout ! Cela ne peut pas durer !

Plus tard

Ça va ?

Non, ça ne va pas ! La prof m'a donné un devoir de plus, j'ai oublié ma collation, Ludovic est fâché !

Martin, viens ici, s'il te plaît !

Allez, ça va s'arranger. Tiens, prends des biscuits, j'en ai trop de toute façon.

Merci.

Oh ! non !

DRRING

Ouf ! La journée a été longue !

Une bande dessinée raconte une histoire en utilisant des dessins et des dialogues. Les paroles sont écrites dans des bulles reliées aux personnages.

Les cases se lisent de gauche à droite et de haut en bas.

Dans chaque case, les bulles se lisent également de gauche à droite et de haut en bas.

Lorsqu'un personnage pense, la bulle est reliée au personnage par des petits ronds.

Souvent, en haut de la case à gauche, on situe le lieu ou le moment où se passe la scène.

POUR T'AIDER On trouve parfois, à l'extérieur des bulles, des onomatopées, c'est-à-dire des mots qui imitent des bruits.

25

© 2008 Marcel Didier inc. — Reproduction interdite

Écris les numéros des phrases dans les bulles qui conviennent.

1. Devinez ce qui m'arrive !

2. Tu vas avoir un chien.

3. Mais non, sa petite sœur est allergique aux chiens.

4. Tu as eu 100 en math.

5. Tu dis n'importe quoi !

6. Non, ce n'est pas ça non plus !

7. Je donne ma langue au chat.

8. Je déménage au Mexique.

9. Bravo ! Est-ce que je pourrai aller te voir ?

DEVINEZ !

© 2008 Marcel Didier inc. — Reproduction interdite

Ulysse et le cyclope

Un matin, après avoir vogué toute la nuit sur une mer houleuse, Ulysse et ses compagnons arrivent près d'une île habitée par des cyclopes. Ceux-ci sont des géants hauts comme des montagnes et n'ont qu'un œil au milieu du front. Ulysse, avec une douzaine de ses hommes, décide d'aller explorer cette île mystérieuse.

Sur place, ils découvrent une grotte remplie de victuailles de toutes sortes. Les hommes veulent s'emparer des vivres et retourner immédiatement au bateau. Ulysse refuse, car il veut rencontrer le maître des lieux. Le soir venu, quand le cyclope revient et qu'il aperçoit les marins dans sa caverne, il devient fou furieux. Il en attrape deux et les mange pour son souper.

Le lendemain matin, en sortant de la grotte, le cyclope bloque l'entrée avec une roche si grosse que seul un géant tel que lui pourra la soulever. À son retour, le cyclope mange deux autres hommes pour son repas du soir. Terrorisés, les marins pensent que leur dernière heure est venue. « Jamais, se disent-ils, nous ne reverrons nos camarades. » Mais Ulysse a un plan.

Prenant son courage à deux mains, Ulysse s'approche du monstre et lui offre l'outre de vin qu'il a apportée. Le cyclope boit à grandes gorgées, tellement qu'il s'endort, ronflant à en faire trembler les parois de la caverne. C'est alors qu'Ulysse et ses hommes enfoncent un énorme pieu dans l'œil du cyclope.

Hurlant de douleur, le géant se lève, dégage la roche qui ferme l'entrée et se précipite dehors en courant. Ulysse et ses compagnons en profitent pour se sauver. Après une course folle, ils retrouvent enfin leur navire où les attendent leurs compagnons.

D'après Homère, *L'Odyssée.*

Vocabulaire

Utiliser un dictionnaire

 1 Lis les articles de dictionnaire ci-dessous, puis réponds aux questions.

HOULEUX, EUSE (*h* aspiré) adj.

1. Agité par la houle. *La mer est houleuse.* ANT. Calme ; paisible.
2. (FIG.) Agité, mouvementé. *Une discussion houleuse.*

IMMÉDIATEMENT adv.

Tout de suite. *Je viens immédiatement.* SYN. sur-le-champ.

OUTRE n. f.

Sac de cuir destiné à contenir un liquide. *Il a de l'eau fraîche dans son outre.*

VICTUAILLES n. f. pl.

Vivres, provisions. *Il se chargera des victuailles.* SYN. Nourriture.

Marie-Éva de Villers, *Multidictionnaire de la langue française*, Montréal, Québec Amérique, 2003.

a) Quel nom féminin est toujours au pluriel ? _____

Quelles abréviations permettent de le savoir ? _____

b) À quelle classe de mots appartient le mot **houleux** ? _____

Quelle abréviation permet de le savoir ? _____

c) Quel est le synonyme de **immédiatement** ? _____

d) Quel est l'antonyme de **houleux** ? _____

e) Dans le texte de la page précédente, le mot **houleuse**, dans le premier paragraphe, est-il employé au sens propre ou au sens figuré ? _____

POUR T'AIDER

Pour comprendre un article de dictionnaire, il faut connaître la signification de certaines abréviations.

n. → **n**om	f. → **f**éminin	syn. → **syn**onyme
adj. → **adj**ectif	m. → **m**asculin	ant. → **ant**onyme
adv. → **adv**erbe	pl. → **pl**uriel	fig. → sens **fig**uré
v. → **v**erbe		

Si un mot a plusieurs sens, les différents sens sont identifiés par un nombre.

© 2008 Marcel Didier inc. — Reproduction interdite

Le texte narratif au passé

2 Le texte de la page 28 est écrit au présent. Réécris le dernier paragraphe au passé. Attention ! Cinq verbes doivent être au passé composé et deux à l'imparfait.

Hurlant de douleur, le géant se lève, dégage la roche qui ferme l'entrée et se précipite dehors en courant. Ulysse et ses compagnons en profitent pour se sauver. Après une course folle, ils retrouvent enfin leur navire où les attendent leurs compagnons.

_____

_____

_____

_____

_____

_____

POUR T'AIDER

On emploie **le passé composé** pour parler d'événements qui ont eu lieu dans le passé à **un moment donné**.

On emploie **l'indicatif imparfait** pour parler d'événements qui ont eu lieu dans le passé, mais qui ont duré **un certain temps**.

Exemple :

Ulysse **était** sur le pont du navire, lorsqu'il **a aperçu** une île.

*Ulysse **était** sur le pont depuis **un certain temps** quand, à **un moment donné**, il **a aperçu** une île.*

© 2008 Marcel Didier inc. — Reproduction interdite

3 Réécris les phrases au passé en utilisant le temps
qui convient : soit le passé composé, soit l'imparfait.

a) Tous les jeudis, Pénélope va rendre visite à Ulysse.

_____

b) Soudain, le cyclope entre dans la caverne.

_____

c) Il pleut depuis des semaines.

_____

d) Depuis le début, Ulysse veut rencontrer le monstre.

_____

4 Réécris les phrases au passé en utilisant un verbe
au passé composé et un autre à l'imparfait.

a) Il se met à courir pour rattraper l'autobus qui roule à vive allure.

_____

b) En entrant dans le salon, je vois Sarah qui boude dans son coin.

_____

c) Le gorille s'échappe pendant que le gardien regarde ailleurs.

_____

d) Il sort sa flûte pour accompagner les oiseaux qui chantent dans les buissons.

_____

© 2008 Marcel Didier inc. — Reproduction interdite

Les mots de relation
mais, ou, et, car

 5 Réunis les deux phrases avec le mot de relation qui convient.

| mais | ou | et | car |

a) Ulysse refuse. Il veut rencontrer le maître des lieux.

_____

b) Les marins voudraient s'enfuir. L'entrée de la grotte est bloquée.

_____

c) La roche est énorme. Ulysse ne pourra jamais la soulever.

_____

d) Les cyclopes sont des géants. Ils ont un œil au milieu du front.

_____

e) Les hommes voudraient dormir. Le monstre ronfle trop fort.

_____

f) Acceptez-vous ce modeste cadeau ? Préférez-vous le refuser ?

_____

g) Les marins tremblent de peur. Le cyclope arrive.

_____

POUR T'AIDER

Les mots de relation servent à relier les mots ou les groupes de mots.

Mais indique l'opposition.
Exemple : Le cyclope a une grosse tête, **mais** il est faible d'esprit.

Car indique la cause ou l'explication.
Exemple : Le cyclope s'est endormi, **car** il a trop bu.

Attention ! **Mais** et **car** sont toujours précédés d'une virgule.

Et indique l'addition.
Exemple : La pluie tombe **et** le tonnerre gronde.

Ou indique le choix.
Exemple : Qui est le plus rusé, Ulysse **ou** le cyclope ?

© 2008 Marcel Didier inc. — Reproduction interdite

La virgule

 6 Ajoute les douze virgules qui manquent dans le texte suivant.

Le déluge

Enlil le roi des dieux de Mésopotamie ne pouvait plus dormir : les hommes, en bas, sur Terre, faisaient vraiment trop de bruit ! À bout de patience il décida de les exterminer. […]

Ea un dieu sage et malin avertit Outa-Naphistim le plus raisonnable le plus croyant des hommes. Il lui apparut en rêve et il lui dit :

— Un grand déluge va venir. Laisse ici tes richesses construis un grand bateau à fond plat colmate-le bien puis embarque avec ta femme et les animaux que tu peux sauver.

Outa-Naphistim obéit à son rêve. Il démolit sa maison pour en faire un vaisseau, sous les moqueries des autres hommes. Un jour, le ciel devint plus noir qu'en pleine nuit. La pluie se mit à tomber dure et sans fin grossissant les eaux de la mer. Bientôt, tous moururent noyés, sauf les êtres embarqués sur le navire du sage. Après sept jours et sept nuits, la tempête se calma et une terre ferme apparut.

D'après Sylvie Baussier, *Le livre de la mer*,
Paris, Nathan, 2005.

 POUR T'AIDER

On doit mettre une virgule pour :

- séparer les éléments d'une énumération ;
  Exemple : Les derniers à entrer dans l'arche furent les chiens, les chats, les lapins et les oiseaux.
  Attention ! Dans une énumération, on met une virgule avant **puis**, mais on n'en met pas avant **et**.
- séparer un élément explicatif du reste de la phrase.
  Exemple : Enlil, **très fâché**, veut punir les hommes.

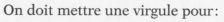
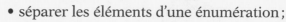

© 2008 Marcel Didier inc. — Reproduction interdite

Écrire un texte narratif

7 Un seul des deux textes ci-dessous est un récit. Entoure-le.

Sindbad le marin

Cela se passe il y a bien longtemps. Sindbad fait route vers des terres inconnues à bord d'un navire marchand.

Au bout de quelques jours, une énorme tempête se déchaîne et le bateau dérive près d'une petite île. Le capitaine envoie Sindbad et deux de ses compagnons y faire provision d'eau.

À peine ont-ils mis pied à terre qu'un immense jet d'eau sort du sol et s'élève vers le ciel. Comme Sindbad se dirige vers cette étrange fontaine pour se désaltérer, la terre se met soudainement à bouger, puis un soubresaut très puissant les projette directement dans la mer.

Sindbad, ébahi, s'aperçoit alors que cette île est en fait une baleine endormie couverte d'herbe et de terre. L'animal, maintenant complètement réveillé, donne un grand coup de queue sur le navire qui sombre dans les flots avec tous ses occupants.

Heureusement, Sindbad réussit à s'accrocher à une planche de bois et il nage tant bien que mal jusqu'à la terre ferme qu'il aperçoit au loin.

Sindbad le marin

Sindbad est un héros dont la princesse Schéhérazade a raconté les aventures dans *Les Mille et Une Nuits,* un recueil de contes arabes très ancien, dans lequel on retrouve également les aventures d'Aladin et d'Ali Baba.

Sindbad est un jeune homme qui vit à Bagdad, en Irak. Il est le fils unique d'un riche marchand de tissus, qui lui a laissé à sa mort une immense fortune.

C'est un garçon naïf et bon, qui sait s'entourer de nombreux amis, mais qui ne connaît rien aux affaires. Très vite, son héritage s'épuise et il se retrouve sur la paille, complètement ruiné.

Sindbad n'a pas l'âme d'un marchand, mais il est aventurier et il a un courage à toute épreuve. Il utilise donc le peu d'argent qu'il lui reste pour s'embarquer sur un navire et parcourir le vaste monde.

Les Mille et Une Nuits ont donné lieu à de nombreuses adaptations, soit en films, en dessins animés ou encore en livres pour enfants.

POUR T'AIDER

Un texte narratif est un texte qui raconte une histoire. Il est construit en trois parties : le début, le milieu et la fin.

© 2008 Marcel Didier inc. — Reproduction interdite

8 Dans le récit que tu as entouré à la page précédente, surligne en jaune le début du récit, surligne en bleu le milieu du récit et surligne en rose la fin du récit.

9 Dans le récit ci-dessous, le début, le milieu et la fin ont été mélangés. Numérote les paragraphes dans l'ordre où ils devraient se lire.

Magdaléna et le chien du capitaine

☐ Soudain, un cri plein de colère retentit derrière elle: «Espèce de petit voyou! Reviens ici tout de suite!»
C'est alors que Toby, le saint-bernard du capitaine, surgit en trombe de la salle à manger, un gros jambon dans la gueule. Le cuisinier du bord le suit en courant, un rouleau à pâte à la main.

☐ Par un beau matin du mois de juillet, Magdaléna fait une croisière sur le Saint-Laurent. Accoudée au bastingage, elle regarde distraitement vers le large.

☐ Enfin, un matelot lance une bouée de sauvetage et l'on hisse à bord le chien et l'enfant.
On les enveloppe tous les deux d'une chaude couverture et ils terminent la journée serrés l'un contre l'autre.

☐ Bientôt, plusieurs personnes se joignent à la poursuite. Le chien, affolé, arrive près de Magdaléna. Cherchant une issue, il tourne sur lui-même comme un fou et heurte violemment la petite fille qui glisse et tombe à l'eau. Tout le monde s'immobilise, paniqué, mais Toby s'élance dans les flots, attrape Magdaléna et nage en maintenant sa tête hors de l'eau.

☐ Comme il s'est largement racheté en sauvant la petite fille, Toby n'a pas été puni. Le cuisinier a même accepté de lui donner un gros os, grâce aux supplications de Magdaléna.

POUR T'AIDER

Pour identifier **le début d'un récit**, tu peux te poser les questions suivantes:
• Où et quand se passe l'histoire?
• Qui est le personnage principal et que fait-il?

Pour identifier **le milieu d'un récit**, tu peux te poser les questions suivantes:
• Quel événement survient?
• Que se passe-t-il ensuite?

Pour identifier **la fin d'un récit**, tu peux te poser la question suivante:
• Comment se termine l'histoire?

© 2008 Marcel Didier inc. — Reproduction interdite

10 Le récit ci-dessous a un milieu. Imagine le début et la fin, puis écris-les.

À l'abordage!

_____

_____

_____

_____

_____

Peu à peu, le vent tombe et une épaisse brume enveloppe le navire. On ne voit déjà plus à dix mètres, un étrange silence règne parmi les membres de l'équipage. Soudain, un choc violent à bâbord ébranle le navire et un cri sauvage retentit : « À L'ABORDAGE ! »

Ce sont les pirates du féroce Barbe Noire qui envahissent le pont. Une terrible bataille s'engage. Bientôt, tous les marins de _La Licorne_ sont faits prisonniers et le capitaine est enchaîné au grand mât.

Les pirates crient de joie, lancent leur chapeau en l'air, défoncent les tonneaux de rhum et trinquent à leur grande victoire. Ils boivent jusqu'au matin, puis ils s'écroulent endormis.

Mais Miguel a eu le temps de se cacher. Lorsqu'il voit que tous les pirates dorment comme des bûches, il se faufile sans bruit près du grand mât et délivre son capitaine. Tous deux, ils enchaînent les pirates et libèrent leurs camarades.

_____

_____

_____

_____

© 2008 Marcel Didier inc. — Reproduction interdite

11 Pascale fait de la plongée sous-marine quand elle aperçoit une forme étrange au fond de l'eau. Écris un texte narratif d'environ 150 mots pour raconter cette histoire. Trouve un titre.

_____

_____
_____
_____
_____
_____
_____
_____
_____
_____
_____
_____
_____
_____
_____
_____
_____
_____
_____
_____
_____
_____
_____
_____

© 2008 Marcel Didier inc. — Reproduction interdite

5 Le poème

Moi, quand j'ai connu la musique

Moi, quand j'ai connu la musique

J'avais dans les cinq ou six ans

Elle était en habit rustique

Elle avait le soulier dansant

Était venue avec des gens

Et traversé des Atlantiques

Connu la pluie avec le vent

Et découvert des Amériques

Battu les quais battu les ponts

Mais n'avait pas perdu son nom

S'appelait encor cotillon

Quadrille et gigue et rigaudon

Moi, quand j'ai connu la musique

Elle était vêtue en violon

Gilles Vigneault, *Tam ti delam*,
Nouvelles Éditions de l'Arc,
Québec, 1967.

© 2008 Marcel Didier inc. — Reproduction interdite

Vocabulaire

1 Gilles Vigneault, dans le poème de la page précédente, parle de quatre danses folkloriques: le cotillon, le quadrille, la gigue et le rigaudon. Écris le nom de chaque danse à l'endroit qui convient. Sers-toi du dictionnaire.

_____ : danse de la fin du 18ᵉ siècle, exécutée par quatre couples de danseurs qui se font face en formant un carré.

_____ : danse rapide à deux temps, qui était très à la mode au 17ᵉ et au 18ᵉ siècle en Provence, une région de France.

_____ : danse exécutée à la fin d'une soirée par six ou huit danseurs et danseuses qui font une chaîne en se tenant par la main.

_____ : danse vive d'origine anglaise ou irlandaise, que l'on dansait surtout à la campagne. Au son du violon, les danseurs frappent en alternance du talon et de la pointe du pied.

2 Trouve dans le poème de la page précédente le synonyme de **campagnard**.

_____

© 2008 Marcel Didier inc. — Reproduction interdite

Enrichir les phrases

Les comparaisons

 3 Complète ce poème en ajoutant les comparaisons. Inspire-toi des illustrations.

La musique

Lorsque tu joues de la musique,

Surtout quand elle est folklorique,

Do ré mi fa sol la si do,

Je suis comme _____.

Lorsque tu joues de ton archet,

Par un matin d'automne frisquet,

Les sanglots longs de ton violon

Me rendent docile comme _____.

Lorsque tu joues du tambourin,

Avec notre cousin Firmin,

Tra la la li tra la la lère,

Je suis enfin libre comme _____.

Lorsque tu joues sur ta guitare,

Un air d'Amadeus Mozart,

Et que nous marchons dans la brume

Je me sens léger comme _____.

POUR T'AIDER

> Pour rendre une phrase plus riche et plus vivante, on peut faire des comparaisons.
>
> Exemple : Lili est gaie. → Lili est gaie comme un pinson.
>
> *Dans la deuxième phrase, on compare la gaîté de Lili à celle d'un pinson.*
>
> **Attention !**
>
> On ne peut pas comparer n'importe quoi.
>
> Exemple : Lili est gaie comme un vautour.
>
> *Cette comparaison n'a pas de sens parce qu'un vautour n'est pas considéré comme un animal gai, c'est plutôt un animal lugubre.*

© 2008 Marcel Didier inc. — Reproduction interdite

4 Complète les phrases en remplaçant la comparaison par un mot qui signifie la même chose.

a) On entre dans cette maison **comme dans un moulin**.

On y entre _____.

b) Sosthène était **haut comme trois pommes**. Il était _____.

c) L'accusé a juré qu'il était **blanc comme neige**.

Il a juré qu'il était _____.

d) Rodrigue est **malin comme un singe**. Il est _____.

5 Complète le poème en associant chaque adjectif à un groupe du nom. Attention! Tu dois respecter les rimes.

| têtu | sourd | pauvre | rouge | sale |
| peureux | sage | riche | propre | bête |

| une mule | Job | un sou neuf | un pot | une écrevisse |
| un lapin | ses pieds | Crésus | un cochon | une image |

Comme les dix doigts de la main

Raymond est sur le balcon,

_____ comme _____.

Jean-Jules joue au funambule,

_____ comme _____.

Pélage attend dans le garage,

_____ comme _____.

Phaneuf a un béret neuf,

_____ comme _____.

Confucius est assis en lotus,

_____ comme _____.

Bob est caché dans le garde-robe,

_____ comme _____.

Xavier est perdu dans ses papiers,

_____ comme _____.

Arnaud est perché sur l'escabeau,

_____ comme _____.

Alice fait des caprices,

_____ comme _____.

Voilà Augustin Sanschagrin,

_____ comme _____.

© 2008 Marcel Didier inc. — Reproduction interdite

Écrire un poème

L'oiseau du tour du monde

Un bœuf gris de la Chine,
Couché dans son étable,
Allonge son échine
Et dans le même instant
Un bœuf de l'Uruguay
Se retourne pour voir
Si quelqu'un a bougé.
Vole sur l'un et l'autre
À travers jour et nuit
L'oiseau qui fait sans bruit
Le tour de la planète
Et jamais ne la touche
Et jamais ne s'arrête.

Jules Supervielle, « L'oiseau du tour
du monde », dans *Le forçat innocent*,
Paris, Gallimard, 1969.

J'ai trouvé dans ma poche

J'ai trouvé dans ma poche
un morceau d'univers
un joujou, un miroir,
quelques sous et du pain,
un cheveu, un mouchoir,
quelques poux et du grain
pour nourrir ce matin
ma planète en chagrin

Jacques Lazure, inédit,
dans Henriette Major, *Avec des
yeux d'enfants*, Montréal,
L'Hexagone/VLB éditeur, 2000.

Complot d'enfants

Nous partirons
Nous partirons seuls
Nous partirons seuls loin
Pendant que nos parents dormer
Nous prendrons le chemin
Nous prendrons notre enfance
Un peu d'eau et de pain
Et beaucoup d'espérance
Nous sortirons pieds nus
En silence
Nous sortirons
Par l'horizon…

Félix Leclerc, « Complot d'enfant
dans *Cent chansons*, Montré
Fides, 19

Le Relais

En voyage, on s'arrête, on descend de voiture ;
Puis entre deux maisons on passe à l'aventure,
Des chevaux, de la route et des fouets étourdi,
L'œil fatigué de voir et le corps engourdi.

Et voici tout à coup, silencieuse et verte,
Une vallée humide et de lilas couverte,
Un ruisseau qui murmure entre les peupliers,
Et la route et le bruit sont bien vite oubliés !

On se couche dans l'herbe et l'on s'écoute vivre,
De l'odeur du foin vert à loisir on s'enivre,
Et sans penser à rien on regarde les cieux.
Hélas une voix crie : « En voiture, messieurs ! »

Gérard de Nerval
(1808-1855)

J'ai mis…

J'ai mis dans ma gibecière
mes collines, mes châteaux,
mes églises, mes rivières,
mes prairies, mes chevaux.
Je me suis noué au cou
un foulard de pleine lune
dans ma poche ai mis un bout
de pain et deux ou trois prunes.
J'ai chaussé mes gros souliers
pris mon chapeau de tempête
et je me suis en allé
esprit clair et cœur en fête.
J'irai jusqu'au bout du monde
et je rentrerai chez moi
si la terre est vraiment ronde
le bout est derrière toi.

Arthur Haulot

© 2008 Marcel Didier inc. — Reproduction interdite

6 Lis attentivement et récite plusieurs fois à haute voix les poèmes de la page précédente. Compose ensuite un nouveau poème en empruntant à chacun un ou plusieurs vers selon ton inspiration. N'oublie pas de mettre un titre.

_____

_____

_____

_____

_____

_____

_____

_____

_____

_____

_____

_____

POUR T'AIDER

Un poème utilise la **sonorité** des mots et le **rythme** des phrases pour exprimer quelque chose.

La **sonorité** d'un poème vient généralement des **rimes**, c'est-à-dire que le dernier mot d'un vers (d'une ligne) se termine par le même son que le dernier mot d'un autre vers.

Exemple : En voyage, on s'arrête, on descend de voi**ture** ;
                 Puis entre deux maisons on passe à l'aven**ture**,

Le **rythme** d'un poème est généralement donné par le nombre de **syllabes** des vers les uns par rapport aux autres.

Exemple :

En / vo / yage, / on / s'ar / rête, / on / des / cend / de / voi / ture (12 syllabes)
Puis / en / tre / deux / mai / sons / on / passe / à / l'a / ven / ture (12 syllabes)

© 2008 Marcel Didier inc. — Reproduction interdite

Mathématique
Résolution de problèmes

La logique

C'est le jour de la photo pour les meneuses de claque des Alouettes de Pierrefonds. Chaque fille doit s'asseoir sur la chaise qui lui est attribuée. D'après les indications du photographe, écris le nom de chacune sur le dossier de sa chaise.

> ATTENTION, LES FILLES !
> FÉLICIE, ASSIEDS-TOI À DROITE DE GÉRONIMA.
> BARBERINE, ASSIEDS-TOI SUR UNE CHAISE DE LA RANGÉE DU BAS.
>
> PÉLAGIE, ASSIEDS-TOI SUR UNE CHAISE DU CENTRE.
> LUCRÈCE, ASSIEDS-TOI ENTRE AUGUSTINE ET CARMEN.
> GÉRONIMA, ASSIEDS-TOI SUR LA CHAISE DU HAUT À GAUCHE.
>
> AUGUSTINE, ASSIEDS-TOI À DROITE DE FÉLICIE.
> BLANDINE, ASSIEDS-TOI À GAUCHE DE BARBERINE.
> CARMEN, ASSIEDS-TOI SUR LA CHAISE DU BAS À DROITE.
> INÈS, ASSIEDS-TOI ENTRE GÉRONIMA ET BLANDINE.

POUR T'AIDER

1. Trouve d'abord les indices les plus précis, ceux qui permettent d'assigner de façon certaine une place à l'une ou l'autre des meneuses de claque. Lis bien, tu en trouveras deux. Écris leurs noms sur les chaises qui conviennent.

2. Trouve ensuite les indices qui permettent de situer d'autres filles par rapport à celles que tu as déjà placées. Attention ! Quand on dit qu'une fille est placée entre deux autres, cela peut être dans le sens vertical ou dans le sens horizontal ; il faut donc attendre d'avoir des indices plus précis pour utiliser cet élément.

3. Quand on dit qu'une fille est placée en bas ou au centre, écris son nom sur toutes les chaises qui sont encore disponibles sur cette rangée ou sur cette colonne. Tu effaceras son nom quand de nouveaux indices te donneront des indications plus précises.

2 Les enfants Panini sont insupportables. Ce matin, l'un d'eux a fait des graffitis sur le mur du salon, un autre a cassé une lampe, un troisième a vidé la bouteille de parfum de madame Panini et le dernier a arraché toutes les fleurs des jardinières de la voisine. Monsieur Panini, très en colère, interroge ses enfants.

« J'ai vu la personne qui a arraché les fleurs de la voisine, je ne savais pas que c'était interdit, dit Magdaléna.

– C'est un des garçons qui a cassé la lampe, dit Lucia d'un air penaud.
– J'ai 5 ans, dit Luigi.
– Je serai au secondaire l'année prochaine, dit la personne qui a vidé la bouteille de parfum.
– Nous, nous irons au cégep, disent Magdaléna et Lucia en prenant un air dégagé. »

Aide monsieur Panini à découvrir la vérité. Complète le tableau en écrivant « oui » ou « non » selon le cas, puis écris les prénoms qui manquent dans la bulle de monsieur Panini.

	a fait des graffitis	a cassé une lampe	a vidé la bouteille de parfum	a arraché les fleurs de la voisine
Magdaléna				
Lucia				
Luigi				
Massimo				

POUR T'AIDER

1. Il faut d'abord trouver les indices les plus précis.

2. Ensuite, tirer toutes les conclusions de chaque indice. Par exemple, si Magdaléna a vu le voleur ou la voleuse, peut-elle être la coupable ? L'enfant de 5 ans sera-t-il au secondaire l'an prochain ?

DONC, SI JE COMPRENDS BIEN, _____ A FAIT LES GRAFFITIS, _____ A CASSÉ LA LAMPE, _____ A VIDÉ LA BOUTEILLE DE PARFUM ET _____ A ARRACHÉ LES FLEURS DE LA VOISINE.

© 2008 Marcel Didier inc. — Reproduction interdite

Additionner ou soustraire

EXTRAIT DU JOURNAL INTIME D'ALEXANDRINE

Le 5 avril

Maman m'a dit que cela fait exactement 5 ans aujourd'hui que nous avons déménagé à Sherbrooke. J'ai presque tout oublié de Coaticook, mon ancienne ville, mais je me souviens que dès que nous avons mis les pieds ici, dans notre nouvelle maison, j'ai commencé à ramasser des sous noirs. Je les mettais (je les mets toujours) dans une énorme cruche en verre que mon grand-père m'a donnée. Aujourd'hui, c'est décidé, je vide ma cruche.

Ouf! Je viens de finir de compter mes sous. J'ai exactement 189 $! En comptant les 50 $ que papa m'a promis et les 35 $ que j'ai eus à ma fête, je ne sais pas si j'aurai assez pour m'acheter la bicyclette que j'ai vue la semaine dernière. Elle coûte 280 $.

Il reste 78 jours avant la fin de l'année. Si on enlève 22 jours pour les fins de semaine, et 4 jours pour le congé de Pâques, c'est beaucoup mieux. Ah! si je pouvais m'acheter cette bicyclette, je pourrais la prendre pour aller à l'école.

C'est le printemps depuis 2 semaines. Beau printemps! Quand je suis sortie, il faisait à peine 5 °C; dans l'après-midi, le mercure a grimpé de 10 °C, et ce soir, il a de nouveau baissé de 8 °C. Je n'arrêtais pas d'avoir trop froid ou trop chaud. Je suis sûre que je vais être malade pour Pâques. Bon, maman me crie d'éteindre ma lumière.

Bonne nuit, journal, à demain.

© 2008 Marcel Didier inc. — Reproduction interdite

 1 Selon les informations données par Alexandrine dans son journal, réponds aux questions ci-dessous.

a) Alexandrine aura-t-elle assez pour s'acheter la bicyclette de ses rêves?

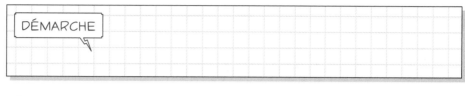

DÉMARCHE

RÉPONSE: _____

b) Si oui, combien d'argent a-t-elle en plus?

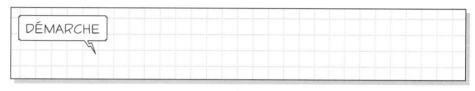

DÉMARCHE

RÉPONSE: _____

c) Si non, combien d'argent lui manque-t-il?

DÉMARCHE

RÉPONSE: _____

d) Combien de jours d'école reste-t-il à Alexandrine avant la fin de l'année?

DÉMARCHE

RÉPONSE: _____

e) Quelle température fait-il à l'extérieur quand Alexandrine écrit son journal?

DÉMARCHE

RÉPONSE: _____

© 2008 Marcel Didier inc. — Reproduction interdite

2 Tous les jours en rentrant de l'école, Ambroise mange 26 biscuits au chocolat et sa mère n'est plus d'accord. Elle trouve que c'est vraiment trop, qu'il devrait n'en manger que 5. Il lui a donc promis de réduire de 3 biscuits par jour jusqu'à ce qu'il arrive à en manger 5. Combien de jours cela lui prendra-t-il?

DÉMARCHE

	Jour 1	Jour 2	Jour 3	Jour 4	Jour 5	Jour 6	Jour 7	Jour 8	Jour 9
Nombre de biscuits	23								

RÉPONSE: _____ jours

3 Hortense et son grand frère qui est chef scout décident d'aller voir leur amie qui habite à 60 km de chez eux. Comme c'est l'été et qu'ils aiment marcher, ils feront la route à pied.

S'ils font 5 km le premier jour, puis, chacun des jours suivants, 2 km de plus que la journée précédente, en combien de jours feront-ils le voyage?

DÉMARCHE

	Jour 1	Jour 2	Jour 3	Jour 4	Jour 5	Jour 6	Jour 7	Jour 8	Jour 9
km parcourus chaque jour	5	7							
km restant à parcourir									

RÉPONSE: Ils feront le voyage en _____ jours.

Multiplier

 1 Pour chaque question, entoure l'opération qui convient et écris la réponse.

Une caissière gagne 9 $ l'heure. Elle travaille 8 heures par jour, 5 jours par semaine.

a) Combien gagne-t-elle chaque jour?

$$8 \times 9 \qquad 5 \times 8 \qquad 5 \times 9$$

RÉPONSE: _____ $

b) Combien d'heures travaille-t-elle par semaine?

$$8 \times 9 \qquad 5 \times 8 \qquad 5 \times 9$$

RÉPONSE: _____ heures

c) Si elle travaillait 1 heure par jour, combien gagnerait-elle par semaine?

$$8 \times 9 \qquad 5 \times 8 \qquad 5 \times 9$$

RÉPONSE: _____ $

2 Monsieur Morin et monsieur Martin sont un peu jaloux l'un de l'autre. Ils sont chacun propriétaire d'un cinéma.

« Avec mes 5 salles de 75 places, je peux accueillir beaucoup plus de spectateurs que vous, dit monsieur Morin.
– Complètement ridicule, réplique monsieur Martin, je peux en accueillir plus que vous avec mes 3 salles de 125 places. »
Qui a raison?

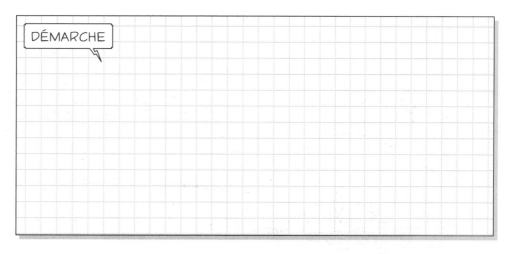

DÉMARCHE

RÉPONSE: _____

© 2008 Marcel Didier inc. — Reproduction interdite

Diviser

 Pour chaque question, entoure l'opération qui convient et écris la réponse. Tu peux te servir de ta calculatrice.

Une caissière gagne 324 $ par semaine. Elle travaille 36 heures par semaine en 4 jours de travail.

a) Combien gagne-t-elle chaque jour de travail?

$$324 \div 4 \qquad 324 \div 36 \qquad 36 \div 4$$

RÉPONSE: _____ $

b) Combien d'heures travaille-t-elle par jour?

$$324 \div 4 \qquad 324 \div 36 \qquad 36 \div 4$$

RÉPONSE: _____ heures

c) Combien gagne-t-elle de l'heure?

$$324 \div 4 \qquad 324 \div 36 \qquad 36 \div 4$$

RÉPONSE: _____ $

2 Mes voisins sont des maniaques de jus d'ananas. Ils boivent 2 190 litres de jus par an (les années non bissextiles). Une fois par an, ils rapportent les bouteilles vides à l'épicerie. Cette année, ils en ont rapporté 1 095.

a) Combien boivent-ils de litres de jus par jour?

b) Combien de bouteilles achètent-ils par jour?

Tu peux te servir de ta calculatrice.

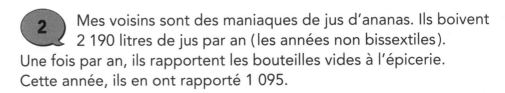

DÉMARCHE

a)

b)

RÉPONSES: **a)** _____ litres

b) _____ bouteilles

© 2008 Marcel Didier inc. — Reproduction interdite

5

Multiplier ou diviser

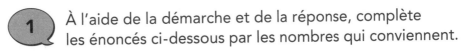

a) Le gardien du zoo distribue des bananes aux gorilles. Il sépare son lot de _____ bananes en _____ paquets égaux. Il lui reste _____ banane. Ensuite, il partage chacun de ses paquets en _____ petits paquets égaux. Puis, il distribue chaque petit paquet aux gorilles.

Combien de bananes chaque gorille reçoit-il?

> DÉMARCHE
>
> $97 \div 4 = 24$, reste 1
>
> $24 \div 8 = 3$

RÉPONSE: 3 bananes

b) Madame Balthazar a partagé également _____ cacahuètes entre ses _____ enfants pour qu'ils les distribuent équitablement à _____ gorilles. Combien chaque enfant a-t-il donné de cacahuètes à chaque gorille?

> DÉMARCHE
>
> $135 \div 5 = 27$
>
> $27 \div 3 = 9$

RÉPONSE: 9 cacahuètes

© 2008 Marcel Didier inc. — Reproduction interdite

L'ENCYCLOPÉDIE INSOLITE

2 Complète les fiches de l'encyclopédie insolite à l'aide des indices.

LES PLANTES

L'arbre le plus vieux de l'Amérique du Nord est un pin, appelé pin Bristlecone Mathusalem. Il se trouve aux États-Unis, en Californie. Il a plus de _____ ans.

DÉMARCHE

INDICE

70 fois l'âge de mon grand-père qui a 70 ans.

LA MÉTÉO

En 1986, s'est abattue sur le Bengladesh une pluie de grêlons énormes. Chaque grêlon pesait 1 kg et mesurait près de _____ cm de circonférence.

DÉMARCHE

INDICE

Trois fois moins gros que la circonférence d'un ballon de soccer réglementaire, qui est de 69 cm.

L'ARCHITECTURE

Dans la Chine ancienne, les empereurs habitaient dans la Cité Interdite, un immense palais entouré de murailles, qui comptait plus de _____ pièces.

DÉMARCHE

INDICE

C'est 162 fois le nombre de chambres du Château Frontenac à Québec, qui en compte 618. (Tu peux te servir de ta calculatrice.)

Les quatre opérations

1 Relie chaque problème à l'opération qui permet de le résoudre.

a) Il manque 8 $ à Rachel pour acheter une bicyclette qui coûte 184 $.
Combien a-t-elle d'argent?   •

• 184 + 8

b) Rachel a acheté 8 livres.
Elle a payé 184 $.
Combien a coûté chaque livre?   •

• 184 − 8

c) Rachel a acheté une bicyclette à 184 $ et un livre à 8 $.
Combien a-t-elle dépensé?   •

• 184 × 8

d) Le père de Rachel a acheté à chacun de ses 8 enfants une bicyclette qui coûtait 184 $.
Combien a-t-il dépensé?   •

• 184 ÷ 8

2 Complète les énoncés en t'aidant des démarches. Ensuite, complète la démarche, puis écris la réponse.

a) Anatole a acheté une raquette de tennis à _____ $ et _____ balles de tennis. Il a dépensé _____ $ en tout.

Quel était le prix d'une balle de tennis?

DÉMARCHE

93 − 75 =

　　　÷ 6 =

RÉPONSE : _____

b) Une famille se partage _____ paquets de biscuits. Il y a _____ biscuits dans chaque paquet et chaque personne reçoit _____ biscuits. Combien de personnes y a-t-il dans la famille?

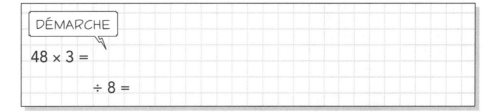

DÉMARCHE

48 × 3 =

　　　÷ 8 =

RÉPONSE : _____

© 2008 Marcel Didier inc. — Reproduction interdite

Le 9 avril

On a reçu aujourd'hui nos notes de math de l'étape. J'ai eu 49, 65, 78, 84. Heureusement, je me suis un peu améliorée aux deux derniers examens. Il n'est pas question que je suive des cours pendant l'été comme l'année passée! Sophie, qui se dit ma meilleure amie, n'a jamais voulu me dire ses notes. Tout ce que j'ai réussi à savoir, c'est qu'elle a eu le même total que moi, mais quatre fois la même note.

Bientôt Pâques! Je vais enfin aller voir Mathilde à la ferme. Il paraît qu'il y a eu plein de naissances! Sept agneaux et des poussins. Mais impossible de savoir combien de poussins. Tous ces nouveaux agneaux et poussins nous font 64 pattes de plus dans la ferme, m'a dit Mathilde en riant.

Cet après-midi, à la récréation, catastrophe! J'avais apporté une centaine d'autocollants (précisément 98, les plus beaux de ma collection) pour les montrer à Bastien qui fait une collection lui aussi. Mais je les ai échappés dans la boue et une cinquantaine étaient complètement fichus (exactement 46 que j'ai dû mettre à la poubelle). Je me suis mise à pleurer comme un bébé. Pour me consoler, Bastien m'a promis de m'en donner. Il m'a même dit que j'aurai le double de ce qu'il me reste.

Madame Ouimet nous a parlé de la sortie de fin d'année. Je ne sais pas s'il y aura de la place pour les parents dans les autobus. Il y aura 2 autobus de 48 places chacun pour transporter les 25 élèves de 4ᵉ A, les 28 élèves de 4ᵉ B et les 26 élèves de 4ᵉ C, plus les 3 profs qui nous accompagneront.

Bonsoir journal!

a) Quelle note a eue Sophie à ses quatre examens de math?

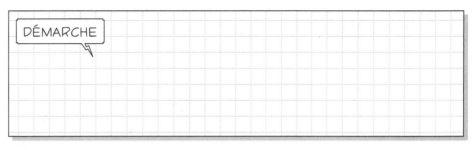

DÉMARCHE

RÉPONSE: _____

b) Combien de poussins sont nés à la ferme de Mathilde?

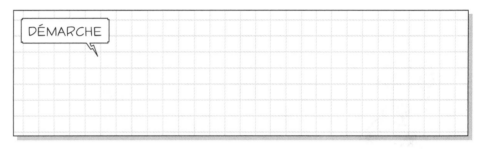

DÉMARCHE

RÉPONSE: _____

c) Combien d'autocollants Alexandrine aura-t-elle quand Bastien lui en aura donné?

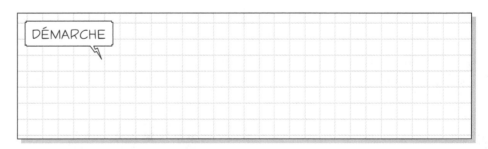

DÉMARCHE

RÉPONSE: _____

d) Y aura-t-il de la place dans un autobus pour des parents?

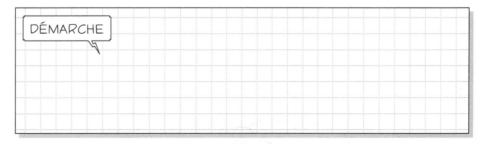

DÉMARCHE

RÉPONSE: _____

© 2008 Marcel Didier inc. — Reproduction interdite

La numération

1 Une compagnie aérienne possède des DC-9 de 100 places et des jets biréacteurs de 10 places. Cette compagnie ne fait voler ses avions que s'ils sont totalement remplis.

a) À partir du nombre de réservations et des remarques indiquées pour chaque jour, écris combien d'avions de chaque sorte doivent être affrétés et combien de passagers seront inscrits sur la liste d'attente.

Lundi : 247 réservations

DÉMARCHE

RÉPONSES : _____ DC-9   _____ jets

_____ personnes sur la liste d'attente

On peut remarquer que :

1 DC-9 → 100 places → 1 centaine

1 jet biréacteur → 10 places → 1 dizaine

1 passager en attente → 1 unité

On peut donc résoudre ces problèmes sans faire d'opérations, simplement en situant les chiffres à la bonne position et en effectuant des échanges : 1 centaine → 10 dizaines et vice versa.

Mardi : 368 réservations

Remarque : Tous les DC-9 seront cloués au sol pour révision mécanique.

DÉMARCHE

RÉPONSES : _____ jets

_____ personnes sur la liste d'attente

b) À partir des avions qui ont décollé et du nombre de personnes sur la liste d'attente, écris le nombre de réservations qu'il y a eu chaque jour.

Vendredi : 3 DC-9 et 4 jets ont décollé
7 personnes sur la liste d'attente

DÉMARCHE

RÉPONSE : _____ réservations

Dimanche : 5 DC-9 ont décollé
8 personnes sur la liste d'attente

DÉMARCHE

RÉPONSE : _____ réservations

c) La compagnie possède une flotte de 7 DC-9 et 42 jets. Combien de réservations peut-elle accepter en une journée si tous ses avions sont aptes à voler ?

DÉMARCHE

RÉPONSE : _____ réservations

© 2008 Marcel Didier inc. — Reproduction interdite

2 Arrivés au pôle Sud pour y étudier les manchots, des biologistes québécois essayent de se répartir les bureaux de la base d'observation.

- S'ils se mettent 2 par bureau, une personne travaillera dans le couloir.

- S'ils se mettent 3 par bureau, une personne travaillera dans le couloir.

- S'ils se mettent 4 par bureau, une personne travaillera dans le couloir.

- S'ils se mettent 5 par bureau, personne ne travaillera dans le couloir.

Sachant que la base accueille toujours moins de 50 chercheurs, combien de biologistes sont-ils venus observer les manchots?

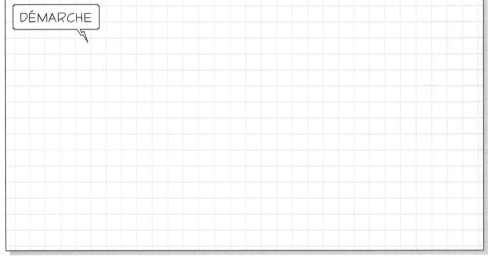

DÉMARCHE

RÉPONSE: _____

POUR T'AIDER

- Si les biologistes peuvent se réunir par groupes de 5, cela signifie que le nombre total de biologistes est un multiple de 5, c'est-à-dire un nombre divisible par 5 sans reste.

  Il faut donc dresser d'abord la liste des multiples de 5 inférieurs à 50 : 5, 10, 15, etc.

- Le nombre total de biologistes n'est pas un multiple de 2, de 3 ou de 4 puisque, dans le cas de ces regroupements, il reste toujours une personne.

  Dresse quand même la liste des multiples de 2, de 3 et de 4 et ajoute 1 à chacun de ces multiples. Exemple : 2 (+ 1 = 3), 4 (+ 1 = 5), etc.

- Pour connaître le nombre réel de biologistes, trouve le nombre qui apparaît à la fois dans les 4 listes.

3 Au mois d'octobre, Muguette est allée souper chez sa grand-mère tous les 2 jours. Sa cousine Adèle y est allée tous les 5 jours. À quelles dates se sont-elles retrouvées chez leur grand-mère?

DÉMARCHE

POUR T'AIDER

RÉPONSE : _____

Muguette va chez sa grand-mère tous les 2 jours. Elle y va donc le 2, le 4, etc. Ces dates correspondent aux multiples de 2 inférieurs à 31 (puisque le mois d'octobre a 31 jours).

Pour Adèle, les dates correspondent aux multiples de 5 inférieurs à 31.

Pour savoir quand Muguette et Adèle se rencontreront, il suffit de trouver les multiples qui sont communs à 2 et à 5.

POUR T'AIDER

4 Trois paresseux qui doivent repeindre les portes des immeubles d'une rue dont les numéros vont de 1 à 100 se partagent le travail.

« Moi, dit le premier, je repeindrai toutes les maisons dont le numéro contient un 9. »
« Moi, dit le deuxième, je repeindrai celles dont le numéro contient un 0. »
« Et moi, dit le troisième, je me charge des autres. »

Qui est le plus paresseux?

Pour trouver le plus rapidement possible la solution de ce problème, il faut compter le nombre de fois où le chiffre indiqué peut apparaître à la position des dizaines, puis le nombre de fois où il peut apparaître à la position des unités. Attention! Le 0 n'apparaît jamais à la position des dizaines.

DÉMARCHE

RÉPONSE : _____

© 2008 Marcel Didier inc. — Reproduction interdite

Plusieurs solutions

1 Léonard rêve qu'il est prisonnier d'un monstre horrible. «Mes filles ont 4 yeux et mes garçons en ont 2, dit le monstre. Cela fait 50 yeux en tout! Si tu me dis combien de garçons et de filles je peux avoir, tu seras libre.» Quelles réponses Léonard doit-il donner pour avoir la vie sauve?

DÉMARCHE

Nombre de filles (4 yeux)	Nombre de garçons (2 yeux)	RÉPONSES
1 (4 yeux)	50 – 4 = 46 → 46 ÷ 2 = **23**	1 fille et 23 garçons
2 (2 × 4 = 8 yeux)	50 – 8 = 42 → 42 ÷ 2 = **21**	2 filles et 21 garçons
		____ filles et ____ garçons
		____ filles et ____ garçons
		____ filles et ____ garçons
		____ filles et ____ garçons
		____ filles et ____ garçons
		____ filles et ____ garçons
		____ filles et ____ garçons
		____ filles et ____ garçons
		____ filles et ____ garçons
		____ filles et ____ garçon

2 Léonard rêve que le monstre a lancé à ses trousses une armée de mouches qui ont 6 pattes chacune et une armée d'araignées qui ont 8 pattes chacune. Quatre-vingt-dix-huit pattes velues le poursuivent.

« Si tu me dis combien de mouches et combien d'araignées te poursuivent, dit le monstre, je rappellerai mon armée. »

Quelles réponses Léonard doit-il donner?

Mouches (6 pattes)	Araignées (8 pattes)	RÉPONSES

© 2008 Marcel Didier inc. — Reproduction interdite

Les fractions

© 2008 Marcel Didier inc. — Reproduction interdite

 1 Complète les visages des élèves en ajoutant les bouches et des lunettes selon les indications ci-dessous.

a) La moitié des élèves sourit.

Nombre d'élèves souriants : _____ .

DÉMARCHE

b) Le tiers des élèves est impassible.

Nombre d'élèves impassibles : _____ .

DÉMARCHE

c) Le $\frac{1}{6}$ des élèves est triste.

Nombre d'élèves tristes : _____ .

DÉMARCHE

d) Le tiers des élèves porte des lunettes.

Nombre d'élèves qui portent des lunettes : _____ .

DÉMARCHE

POUR T'AIDER

Voici ce qu'il faut savoir pour résoudre des problèmes comportant des fractions.

- Une fraction est une quantité plus petite qu'une unité. Elle représente une partie d'un tout.
- Une fraction s'écrit à l'aide de deux chiffres séparés par une barre. Exemple : $\frac{1}{2}$
- Le **dénominateur** est le nombre placé sous la barre. Il indique **en combien de parts égales on a divisé** un ensemble.
- Le **numérateur** est le nombre placé au-dessus de la barre. Il indique combien de parts égales on a prélevées de l'ensemble.
- $\frac{1}{2}$ se dit « une demie » ou « une moitié », $\frac{1}{3}$ se dit « un tiers », $\frac{1}{4}$ se dit « un quart ».
- Pour trouver la fraction d'un nombre, on divise ce nombre par le dénominateur et on le multiplie par le numérateur.

Exemple : $\frac{1}{2}$ de 10 = (10 × 1) ÷ 2 = 5

© 2008 Marcel Didier inc. — Reproduction interdite

2 Annabelle Picotin, qui a 9 ans, a les $\frac{3}{4}$ de l'âge de Clémence Charrette. Quel âge a Clémence Charrette ?

DÉMARCHE

RÉPONSE : _____

POUR T'AIDER

On sait qu'Annabelle a 9 ans et que cet âge représente $\frac{3}{4}$ de l'âge de Clémence. Cela signifie que lorsqu'on sépare l'âge de Clémence en 4 parts égales et que l'on prend 3 de ces parts, on obtient 9.

À l'aide de cette information, on peut trouver combien il y a d'années dans chacune des 4 parts égales : dessine 4 ensembles et répartis les 9 ans d'Annabelle dans 3 de ces ensembles. Tu sauras alors combien d'années doit contenir le 4ᵉ ensemble et tu pourras calculer l'âge de Clémence.

3 Jonas Bergeron a 12 souris blanches et 6 hamsters qu'il aime beaucoup. Pourtant, il a donné la moitié de ses souris à Clémence Roberval et le tiers de ses hamsters à Annabelle Giroux. Combien d'animaux lui reste-t-il ?

DÉMARCHE

RÉPONSE : _____

POUR T'AIDER

4 La cuisinière de l'école a donné à un itinérant le quart des 36 éclairs au chocolat qu'elle avait préparés pour le dîner. Elle a réparti également les $\frac{2}{3}$ de ceux qui restent dans 3 assiettes. Combien y a-t-il d'éclairs dans chaque assiette ?

Il ne faut pas oublier de tenir compte de l'information **« les $\frac{2}{3}$ de ceux qui restent »** pour trouver la solution de ce problème.

DÉMARCHE

RÉPONSE : _____

Les nombres à virgule

1 Félicité, son petit panier sous le bras, va faire l'épicerie en chantant.

Les aubaines de la semaine	
Céréales (750 g)	4,99 $
Beurre d'arachide (1 kg) . . .	5,75 $
Confiture (500 mL)	3,09 $
Biscuits (340 g)	2,80 $
Fromage cheddar (454 g) . .	2,90 $
Maïs en grains (385 mL)	0,99 $

a) Combien va coûter son épicerie?

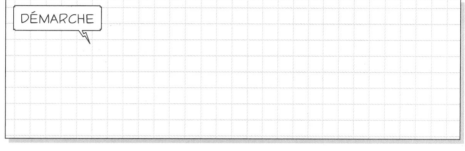

DÉMARCHE

RÉPONSE: _____

b) Félicité paye avec un billet de 50 $. Combien d'argent va-t-on lui rendre?

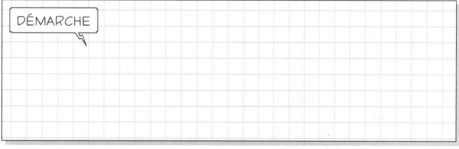

DÉMARCHE

POUR T'AIDER

RÉPONSE: _____

Lorsqu'on additionne ou que l'on soustrait des nombres à virgule, il faut poser les uns sous les autres les chiffres qui ont la même valeur de position: les dizaines sous les dizaines, les unités sous les unités, les dixièmes sous les dixièmes, etc.

Pour y arriver, on aligne les virgules les unes sous les autres.

De cette manière, tous les autres chiffres occupent la bonne position.

Exemple:

```
  1,25
+ 0,90
------
  2,15
```

© 2008 Marcel Didier inc. — Reproduction interdite

c) En sortant de l'épicerie, Félicité rencontre son amie Désirée Dumoulin et sa mère qui l'invitent à manger un cornet de crème glacée chez le marchand du coin de la rue.

Félicité prend un cornet à une boule, Désirée un cornet à deux boules et madame Dumoulin un cornet à une boule.

Combien madame Dumoulin a-t-elle dépensé?

DÉMARCHE

POUR T'AIDER

RÉPONSE : _____

Pour multiplier un nombre décimal par un nombre entier ou par un autre nombre décimal, on effectue d'abord la multiplication sans s'occuper des virgules.

On place la virgule dans le produit de façon qu'il y ait autant de chiffres après la virgule qu'il y en a en tout dans les deux nombres que l'on multiplie.

On supprime les zéros inutiles.

Exemples : $2,5 \times 3 = 7,5$ $2,5 \times 3,4 = 8,5$

       2,5 → 1 chiffre après la virgule   2,5 → 1 chiffre après la virgule

  × 3 ↓   × 3,4 → + 1 chiffre après la virgule

    7,5 → 1 chiffre après la virgule   100

                                       + 75

                                 8,50 → 2 chiffres après la virgule

Les statistiques

 Le tableau ci-dessous indique les distances entre différentes villes du Québec.

Par exemple, la distance entre Mont-Laurier et Montréal est de 238 km.

Distances en km	Baie-St-Paul	Chicoutimi	Gaspé	Mont-Laurier	Montmagny	Montréal	Québec	Rimouski	Rouyn	Sherbrooke	Trois-Rivières	Val-d'Or
Baie-St-Paul		134	586	578	153	377	100	188	969	309	234	861
Chicoutimi	134		652	689	290	462	211	254	1080	439	345	972
Gaspé	586	652		1165	639	932	692	398	1556	895	821	1448
Mont-Laurier	578	689	1165		541	238	478	764	391	390	345	283
Montmagny	153	290	639	541		301	53	242	922	264	187	814
Montréal	377	462	932	238	301		251	534	629	151	145	522
Québec	100	254	692	478	53	251		295	869	209	134	761
Rimouski	188	254	398	764	242	534	295		1155	494	420	1048
Rouyn	969	1080	1556	391	922	629	869	1155		781	736	108
Sherbrooke	309	439	895	390	264	151	209	494	781		148	673
Trois-Rivières	234	345	821	345	187	145	134	420	736	148		628
Val-d'Or	861	972	1448	283	814	522	761	1048	108	673	628	

À partir des données du tableau, réponds aux questions.

a) Quelle distance y a-t-il entre Baie-St-Paul et Québec ?

_____ km

POUR T'AIDER

Pour trouver la distance entre deux villes, on cherche le nom d'une des villes sur la liste verticale (de haut en bas) et le nom de l'autre ville sur la liste horizontale (de droite à gauche). La case située à l'intersection de ces deux noms indique la distance entre les deux villes.

© 2008 Marcel Didier inc. — Reproduction interdite

b) Vrai ou faux?

La distance entre Chicoutimi et Trois-Rivières est la même qu'entre Mont-Laurier et Trois-Rivières.

_____

c) Rouyn est-il plus loin de Chicoutimi que de Rimouski?

_____

d) Quelles sont les deux villes les plus éloignées l'une de l'autre?

_____

e) Quelles sont les deux villes les moins éloignées l'une de l'autre?

_____

f) Quelle différence y a-t-il (en km) entre la distance de Montréal à Mont-Laurier et celle de Montréal à Montmagny?

_____

g) On part de Sherbrooke, on va à Trois-Rivières, puis à Québec, et de là, on revient à Sherbrooke. Combien de kilomètres a-t-on parcourus?

_____

© 2008 Marcel Didier inc. — Reproduction interdite

Les probabilités

1 Madame Panini, dont les enfants sont insupportables, fait elle-même son yogourt. Elle a à sa disposition 6 parfums qu'elle mélange toujours deux par deux :

abricot, bleuet, fraise, orange, pêche, vanille.

Combien d'arômes peut-elle composer ?

_____

_____

_____

_____

_____

_____

POUR T'AIDER

RÉPONSE : _____

Il faut représenter chaque parfum par sa première lettre : abricot (A), bleuet (B), etc. Quand on a trouvé toutes les possibilités, on enlève celles qui sont équivalentes. En effet, confectionner un yogourt aromatisé à l'abricot et au bleuet ou au bleuet et à l'abricot revient à ne fabriquer qu'un seul et même arôme !

2 Luigi, le petit dernier des Panini, est légèrement daltonien (il distingue mal les couleurs). Ses chaussettes sont rangées pêle-mêle dans le tiroir du haut de sa commode. Il a 4 chaussettes rouges, 2 chaussettes bleues et 1 chaussette verte.

a) S'il prend une chaussette dans son tiroir, de quelle couleur peut-elle être ?

_____

POUR T'AIDER

b) Quelle couleur de chaussette a-t-il le plus de chance de prendre ?

_____

c) Quelle couleur de chaussette a-t-il le moins de chance de prendre ?

_____

Attention ! Il n'y a qu'une chaussette verte. Luigi peut donc difficilement prendre une paire de chaussettes vertes !

d) Quand il prend deux chaussettes, de quelle couleur peuvent-elles être ?

_____

_____

© 2008 Marcel Didier inc. — Reproduction interdite

13

La mesure

1 Tout est prétexte à chicane entre monsieur Morin et monsieur Martin, les deux propriétaires de cinémas voisins.

« Ma gouttière est certainement plus longue que la vôtre, dit un jour monsieur Morin à monsieur Martin en observant la gouttière qui fait le tour de son immeuble.

– Ça me surprendrait beaucoup, répond monsieur Martin. »

Si l'immeuble abritant le cinéma de monsieur Morin est un rectangle de 42 m de longueur et 23 m de largeur et si celui de monsieur Martin est un carré de 33 m de côté, qui a raison ?

DÉMARCHE

RÉPONSE : _____

POUR T'AIDER

Le périmètre est la mesure du contour d'un polygone. Pour le trouver, il faut donc additionner les mesures de tous les côtés.

2 Pour occuper leurs loisirs, les biologistes du pôle Sud ont construit une patinoire extérieure qui a 35 m de longueur et 15 m de largeur. Afin d'empêcher les manchots de venir s'y amuser, ils veulent installer une clôture tout autour, à un mètre de distance de la patinoire. Quel sera le périmètre de l'espace clôturé ?

DÉMARCHE

POUR T'AIDER

RÉPONSE : _____

Pour avoir une vision juste des données de ce problème, on peut dessiner la patinoire et la clôture qui l'entoure, puis indiquer toutes les dimensions données dans le problème.

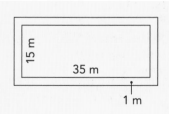

© 2008 Marcel Didier inc. — Reproduction interdite

3 Madame Panini, dont les enfants sont insupportables, est une artiste qui aime les collages. Elle a collé sur trois murs de sa chambre des pages découpées dans des magazines.

- Sur le mur du fond, elle a collé des morceaux de cette forme :

- Sur le mur de droite, elle a collé des morceaux de cette forme :

- Sur le mur de gauche, elle a collé des morceaux de cette forme :

Monsieur Panini, qui est du genre terre à terre, n'a pas beaucoup apprécié. Il a décidé de tout enlever.

Combien de morceaux devra-t-il enlever sur chaque mur ?

Sers-toi du plan ci-contre (les collages ont tous la même dimension).

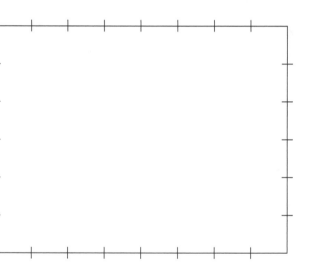

RÉPONSE : Mur du fond : _____

Mur de droite : _____

Mur de gauche : _____

POUR T'AIDER

Il faut tracer sur le plan autant de morceaux de la première forme qu'il est nécessaire pour que tout l'espace soit couvert.

Quand on a trouvé combien de morceaux de la première forme sont nécessaires, on peut trouver les autres solutions sans tout dessiner.

© 2008 Marcel Didier inc. — Reproduction interdite

4 Monsieur Panneton est déménageur. Il a une flotte de trois camions. Il a 28 boîtes de 1 m³ à charger et il se demande quel camion il doit choisir.

Voici les camions dont il dispose.

a) Dans quel camion pourra-t-il placer le plus de boîtes?

RÉPONSE : _____

b) Combien de boîtes de 1m³ monsieur Panneton peut-il transporter quand il remplit tous ses camions?

RÉPONSE : _____

POUR T'AIDER

- Pour trouver le nombre de boîtes que monsieur Panneton peut placer dans chaque camion, il faut d'abord calculer combien de boîtes il lui faut pour couvrir le plancher du camion, ce qui constitue le premier étage de boîtes. Il faut ensuite multiplier par le nombre d'étages qu'il pourra couvrir, ce qui correspond à la hauteur du camion.

- Ainsi, pour calculer le volume d'un solide, on calcule d'abord sa surface, puis on la multiplie par la hauteur du solide.

Ceci correspond à la formule : longueur × largeur × hauteur.

© 2008 Marcel Didier inc. — Reproduction interdite

Diabolo aux agrumes

INGRÉDIENTS

750 mL	eau gazeuse
50 mL	jus de citron
250 mL	jus d'orange
200 mL	jus de pamplemousse
2 c. à soupe	sucre

PRÉPARATION

Verser le tout dans un contenant d'au moins 1,5 L et mélanger délicatement. Servir bien frais.

5 Lis la recette ci-dessus et réponds aux questions.

a) Combien de litres de jus donne la recette?

RÉPONSE : _____

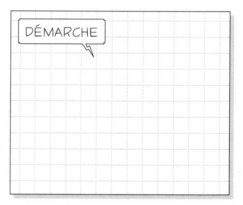

DÉMARCHE

b) Si l'on verse le jus dans 5 verres, combien de centilitres de jus y aura-t-il dans chaque verre?

RÉPONSE : _____

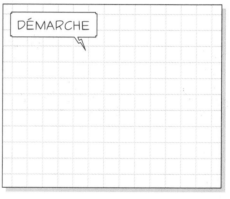

DÉMARCHE

POUR T'AIDER

- L'unité de base pour mesurer la capacité est le litre, dont le symbole est **L**. Cette unité peut être divisée par 10, par 100 ou par 1 000; on obtient ainsi des décilitres (dL), des centilitres (cL) et des millilitres (mL).

- Pour effectuer des conversions d'une unité à l'autre, on peut utiliser un tableau.

L	dL	cL	mL
1	4	0	0

Par exemple, pour convertir 1 400 mL en L, on écrit 1400 dans le tableau de façon que le 0 des unités soit dans la case des mL.

Pour trouver le nombre de litres, on regarde dans la case des L: il y a 1 litre, mais un peu plus puisqu'il y a aussi 4 dL. On insère donc une virgule après le 1, ce qui donne 1,4 L.

Ce tableau montre également que 1 400 mL équivalent à 140 cL et à 14 dL.

© 2008 Marcel Didier inc. — Reproduction interdite

Le 5 octobre

EXTRAIT DU JOURNAL
INTIME D'ALEXANDRINE

Qu'est-ce que je pourrais bien écrire dans mon journal ce soir? Ah oui! C'est mon anniversaire dans 3 semaines. J'ai hâte! J'ai hâte! J'ai commencé à barrer les jours sur mon calendrier depuis l'anniversaire de ma sœur Clémentine, le 24 août.

Le robinet fuit dans la salle de bain. Je l'entends de ma chambre et je ne peux pas m'empêcher de compter les gouttes. Il tombe une goutte toutes les 3 secondes!

6 Selon les informations données par Alexandrine dans son journal, réponds aux questions suivantes.

DÉMARCHE

a) Quelle est la date de l'anniversaire d'Alexandrine?

RÉPONSE : _____

b) Combien de jours Alexandrine a-t-elle barrés dans son calendrier?

DÉMARCHE

RÉPONSE : _____

c) Combien de gouttes d'eau Alexandrine entend-elle tomber au bout d'une heure?

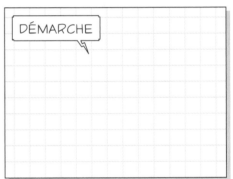

DÉMARCHE

RÉPONSE : _____

POUR T'AIDER

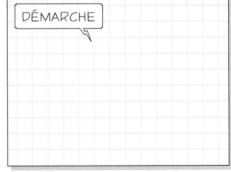

a) À quelle date Alexandrine affirme-t-elle que son anniversaire est dans 3 semaines? Combien y a-t-il de jours dans une semaine? Dans 3 semaines?

b) Quand Alexandrine a-t-elle commencé à barrer des jours sur son calendrier? Jusqu'à quelle date l'a-t-elle fait? Pour compter les jours qui séparent ces deux dates, il faut savoir combien il y a de jours dans les mois d'août et de septembre.

c) Combien y a-t-il de secondes dans une minute? Combien y a-t-il de minutes dans une heure?

Production écrite

1 Le texte documentaire

Vocabulaire

1 la bicyclette : **cycliste**
la boxe : **boxeur**
l'équitation : **cavalier**
le hockey : **hockeyeur**
le judo : **judoka**

le golf : **golfeur**
la gymnastique : **gymnaste**
la natation : **nageur**
le ski : **skieur**
le tir à l'arc : **archer**

Reconnaître des phrases

2 Pendant les olympiades de l'Antiquité, une flamme brûlait en permanence en l'honneur de Zeus. Cette tradition a été reprise lors des Jeux olympiques de 1936.
La flamme olympique est rallumée tous les quatre ans.
Des athlètes se relaient pour transporter la torche jusqu'au site des jeux du pays hôte.

3 Dans chaque épreuve, trois athlètes sont récompensés. L'athlète qui réussit la meilleure performance reçoit la médaille d'or. On fait jouer l'hymne national de chaque médaillé lorsqu'il monte sur le podium. Un des plus grands athlètes des jeux de l'ère moderne est Nadia Comaneci. Cette gymnaste roumaine a gagné sept médailles d'or aux Jeux olympiques de Montréal, en 1976.

Construire des phrases

4 La défaite est parfois difficile à accepter. Certains athlètes réagissent très mal.
On a déjà vu des perdants piétiner leur médaille d'argent.
Un boxeur déçu a protesté en restant assis plus d'une heure au milieu du ring.
Une équipe de hockey sur gazon a arrosé d'eau le président de la fédération internationale.

5 Entourer le texte C.

6 SUJET : **Zinedine Zidane**

FICHE DE RECHERCHE

Sport : **soccer**

Date de naissance : **23 juin 1972**

Lieu de naissance : **Marseille**

Équipes : **équipe nationale de France, Real de Madrid**

Position : **milieu de terrain**

Numéros de chandail : **10** (équipe de France), **5** (Real de Madrid)

Situation familiale : **marié, quatre enfants**

7 Le soccer

☐3 Leur objectif est de faire entrer le ballon dans le but adverse.

☐1 Le soccer est le sport le plus pratiqué au monde.

☐5 Ce dernier peut être intercepté par toutes les parties du corps, excepté les bras et les mains.

☐6 Au cours d'un match, les joueurs courent presque sans arrêt.

☐4 Les joueurs utilisent leurs pieds pour contrôler le ballon.

☐7 L'endurance est donc la première qualité d'un joueur de soccer.

☐2 Deux équipes de 11 joueurs s'affrontent.

8 Exemple de réponse :

Les Jeux olympiques modernes

En 1896, les premiers Jeux olympiques de l'ère moderne sont organisés à Athènes, en Grèce, par Pierre de Coubertin. Quatorze pays s'affrontent dans neuf disciplines : l'athlétisme, le cyclisme, l'escrime, la gymnastique, l'haltérophilie, la lutte, la natation, le tennis et le tir.
Le vainqueur reçoit une médaille d'argent et une branche d'olivier.
Les Jeux olympiques ont pour devise : *citius, altius, fortius.* Le symbole des jeux, cinq anneaux entremêlés, représente l'union des cinq continents participants.
Aujourd'hui, tous les quatre ans, plus de deux cents pays participent à une trentaine de disciplines. Chaque épreuve est récompensée d'une médaille d'or, d'une médaille d'argent et d'une médaille de bronze.

© 2008 Marcel Didier inc. — Reproduction interdite

2 La description

Vocabulaire

1 Un **hôte** : personne qui est invitée.
Une **armoire** : meuble de rangement.
Un **duo** : morceau de musique pour deux voix ou deux instruments.
Un **âtre** : partie d'une cheminée où brûle le feu.
Une **poutre** : grosse pièce de bois ou de métal qui sert à soutenir un mur, une maison, un pont, etc.
Un **chaudron** : récipient muni de deux anses, utilisé pour faire cuire les aliments.
Braiser : faire cuire à feu doux.

Enrichir les phrases

2 Enfin, Urashima distingua dans le lointain une **somptueuse** porte de corail ornée de perles et de pierres précieuses **scintillantes**. Derrière, se dressaient les toits **inclinés** et les pignons d'une **fastueuse** demeure de corail.

Éviter les répétitions

3 Cher Aglaé,
Depuis quelques jours, je suis en vacances avec ma mère dans un endroit super calme. Ma fenêtre donne sur un magnifique lac. En ce moment, une cane y promène ses canetons. **Ils** sont encore tout petits et **ils la** suivent à la file indienne. Maman **leur** envoie des miettes de pain par la fenêtre. **Elle** ne changera jamais. Quand **elle** voit des bébés, même des oisillons, **elle** trouve toujours le moyen de les nourrir.

4
a) Au milieu du lac, Justine aperçoit un héron **qui** a la tête dans l'eau.
b) Une grenouille verte attrape un maringouin **qui** passait par là.
c) À gauche, dérive une chaloupe ayant à son bord deux pêcheurs **qui** se sont endormis.
d) Tiens, je vois maman **qui** court après un papillon sur la plage.
e) Je ne vois rien avec ces jumelles **qui** ne sont pas ajustées.
f) Je ne peux plus supporter cet endroit **qui** m'ennuie royalement.

Faire une description

5 Entourer le texte B.

6 A. Sens de la description : **de bas en haut**.
B. Sens de la description : **de haut en bas**.
C. Sens de la description : **du devant vers l'arrière**.

7
[3] De là, trois rues d'asphalte bordées de coquettes maisons de bois partaient en étoile vers les champs cultivés autour du village.

[1] L'église était le cœur du village où est né mon arrière-grand-père.

[5] Au-delà, s'étendait l'immense forêt de feuillus dans laquelle mon arrière-grand-père allait bûcher pendant tout l'hiver.

[4] Peu à peu, les rues devenaient des rangs et les fermes se faisaient de plus en plus rares.

[2] En face de l'église, autour d'une petite place, s'étaient installés le magasin général, l'école et la caisse populaire.

8 « Regarde, me dit mon arrière-grand-père, c'est une photo de mon dernier camp de bûcheron. Moi, je suis à l'**extrême gauche**. **Au centre**, les deux avec des grosses tuques sur la tête, ce sont les frères Lavertu, Dominique et Jacques. **À droite** de Jacques, celui qui tient une hache, c'est Jos Cabana. Jos s'occupait du cheval dont on voit juste la queue à l'**extrême droite**. **Derrière** Jos, adossé à la cabane, c'est Raymond Francœur, le cuisinier du camp. »

9 Exemple de réponse :

Cher grand-papa,

Je suis au centre de la rangée du bas. À côté de moi, il y a Aramis, l'assistant capitaine et Éloi, le capitaine de l'équipe. Au-dessus de nous, à l'extrême gauche, est assis Nicolas. À côté de lui, Jonas fait le V de la victoire et Léonard fait le clown. Sur la rangée du haut, Ambroise, à gauche, et Luigi, à droite, tiennent la banderole au-dessus des deux filles de l'équipe : Muguette, la blonde, et Clémence, celle qui porte des lunettes. Sylvain, notre entraîneur, se tient juste à côté d'Ambroise.

Ton petit-fils Benjamin qui t'aime beaucoup.

© 2008 Marcel Didier inc. — Reproduction interdite

La bande dessinée

Vocabulaire

Des onomatopées

1) 1 H – 2 I – 3 A – 4 C – 5 D – 6 J – 7 E – 8 F – 9 B – 10 G

Les quatre types de phrases

2) Exemples de réponses :
Phrase déclarative : Je me suis trompée de bouchon.
Phrase interrogative : Est-ce que tu dors ?
Phrase exclamative : Qu'il fait noir ici !
Phrase impérative : Décampe !

3) a) Est-ce que tu détestes les épinards ?
b) Est-ce qu'il aime les épinards ?
c) Est-ce que Carmen vient ?
d) Est-ce que Luc a mangé des épinards ?

4) a) Détestes-tu les épinards ?
b) Aime-t-il les épinards ?
c) Carmen vient-elle ?

5) a) Pourquoi manges-tu des épinards ?
b) Combien coûtent ces épinards ?
c) Où habite Carmen ? (ou bien : Où Carmen habite-t-elle ?)
d) Quand reviendra-t-il ?

6) a) ① et ③ Quand vient-elle ?
b) ① Pourquoi pleures-tu ?
c) ② D'où arrive-t-elle ?
d) ⑤ Où Jasmine est-elle allée ? (ou bien : Où est-ce que Jasmine est allée ?)
e) ① Comment faut-il faire ?
f) ④ et ① Pourquoi ris-tu ?
g) ⑥ Restes-tu ?

7)

Comme il est courageux ! — la peur
Il y a un monstre dans le placard ! — l'admiration
J'ai mal aux pieds ! — la souffrance
Enfin, j'ai terminé ! — la surprise
Espèce de malappris ! — le soulagement
Que je suis content ! — la joie
Oh ! Regarde, une étoile filante ! — la colère

8) a) J'en ai vraiment assez !
b) Tu me casses les oreilles !
c) Décampe !

9) a) Comme il fait froid !
b) Que tu as un chapeau étrange !
c) Quelle drôle de tête il fait !
d) Comme elle a un beau chien !
e) Quels champions !

10) a) Ludovic, prête-moi ta règle.
b) Martin, rends-moi mon crayon.
c) Martin et Ludovic, arrêtez de bavarder !
d) Ludovic, laisse-moi regarder ta feuille.
e) Laisse-moi tranquille !
f) Martin, lève-toi et récite le verbe aller à l'impératif.

Écrire une bande dessinée

11)

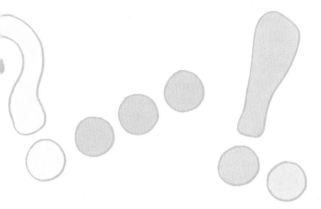

© 2008 Marcel Didier inc. — Reproduction interdite

4 Le texte narratif

Vocabulaire

1
a) victuailles   f. pl.
b) adjectif   adj.
c) sur-le-champ
d) calme (paisible)
e) au sens propre

Le texte narratif au passé

2 Hurlant de douleur, le géant **s'est levé, a dégagé** la roche qui **fermait** l'entrée et **s'est précipité** dehors en courant. Ulysse et ses compagnons en **ont profité** pour se sauver. Après une course folle, ils **ont enfin retrouvé** leur navire où les **attendaient** leurs compagnons.

3
a) Tous les jeudis, Pénélope **allait** rendre visite à Ulysse.
b) Soudain, le cyclope **est entré** dans la caverne.
c) Il **pleuvait** depuis des semaines.
d) Depuis le début, Ulysse **voulait** rencontrer le monstre.

4
a) Il **s'est mis** à courir pour rattraper l'autobus qui **roulait** à vive allure.
b) En entrant dans le salon, **j'ai vu** Sarah qui **boudait** dans son coin.
c) Le gorille **s'est échappé** pendant que le gardien **regardait** ailleurs.
d) Il **a sorti** sa flûte pour accompagner les oiseaux qui **chantaient** dans les buissons.

Exemples de réponses :
Ma nouvelle planche

Les mots de relation mais, ou, et, car

5
a) Ulysse refuse, **car** il veut rencontrer le maître des lieux.
b) Les marins voudraient s'enfuir, **mais** l'entrée de la grotte est bloquée.
c) La roche est énorme **et** Ulysse ne pourra jamais la soulever.
d) Les cyclopes sont des géants **et** ils ont un œil au milieu du front.
e) Les hommes voudraient dormir, **mais** le monstre ronfle trop fort.
f) Acceptez-vous ce modeste cadeau **ou** préférez-vous le refuser ?
g) Les marins tremblent de peur, **car** le cyclope arrive.

La virgule

6 Enlil, le roi des dieux de Mésopotamie, ne pouvait plus dormir : les hommes, en bas, sur Terre, faisaient vraiment trop de bruit ! À bout de patience, il décida de les exterminer. [...]

Ea, un dieu sage et malin, avertit Outa-Naphistim, le plus raisonnable, le plus croyant des hommes. Il lui apparut en rêve et il lui dit :

—Un grand déluge va venir. Laisse ici tes richesses, construis un grand bateau à fond plat, colmate-le bien, puis embarque avec ta femme et les animaux que tu peux sauver.

Outa-Naphistim obéit à son rêve. Il démolit sa maison pour en faire un vaisseau, sous les moqueries des autres hommes. Un jour, le ciel devint plus noir qu'en pleine nuit. La pluie se mit à tomber, dure et sans fin, grossissant les eaux de la mer. Bientôt, tous moururent noyés, sauf les êtres embarqués sur le navire du sage. Après sept jours et sept nuits, la tempête se calma, et une terre ferme apparut.

Écrire un texte narratif

(7) Entourer le texte de gauche (*Cela se passe…*)

(8) Cela se passe il y a bien longtemps. Sindbad fait route vers des terres inconnues à bord d'un navire marchand.

Au bout de quelques jours, une énorme tempête se déchaîne et le bateau dérive près d'une petite île. Le capitaine envoie Sindbad et deux de ses compagnons y faire provision d'eau.

À peine ont-ils mis pied à terre qu'un immense jet d'eau sort du sol et s'élève vers le ciel. Comme Sindbad se dirige vers cette étrange fontaine pour se désaltérer, la terre se met soudainement à bouger, puis un soubresaut très puissant les projette directement dans la mer.

Sindbad, ébahi, s'aperçoit alors que cette île est en fait une baleine endormie couverte d'herbe et de terre. L'animal, maintenant complètement réveillé, donne un grand coup de queue sur le navire qui sombre dans les flots avec tous ses occupants.

Heureusement, Sindbad réussit à s'accrocher à une planche de bois et il nage tant bien que mal jusqu'à la terre ferme qu'il aperçoit au loin.

(9)

2 Soudain, un cri plein de colère retentit derrière elle: «Espèce de petit voyou! Reviens ici tout de suite!» C'est alors que Toby, le saint-bernard du capitaine, surgit en trombe de la salle à manger, un gros jambon dans la gueule. Le cuisinier du bord le suit en courant, un rouleau à pâte à la main.

1 Par un beau matin du mois de juillet, Magdaléna fait une croisière sur le Saint-Laurent. Accoudée au bastingage, elle regarde distraitement vers le large.

4 Enfin, un matelot lance une bouée de sauvetage et l'on hisse à bord le chien et l'enfant. On les enveloppe tous les deux d'une chaude couverture et ils terminent la journée serrés l'un contre l'autre.

3 Bientôt, plusieurs personnes se joignent à la poursuite. Le chien, affolé, arrive près de Magdaléna. Cherchant une issue, il tourne sur lui-même comme un fou et heurte violemment la petite fille qui glisse et tombe à l'eau. Tout le monde s'immobilise, paniqué, mais Toby s'élance dans les flots, attrape Magdaléna et nage en maintenant sa tête hors de l'eau.

5 Comme il s'est largement racheté en sauvant la petite fille, Toby n'a pas été puni. Le cuisinier a même accepté de lui donner un gros os, grâce aux supplications de Magdaléna.

(10) Exemple de réponse:

Par une fin d'après-midi de juillet 1652, Miguel, le mousse préféré du capitaine, nettoie le pont de *La Licorne*, un vaisseau espagnol qui revient du nouveau monde, les cales remplies d'or. La mer est calme, une petite brise gonfle les voiles.

Peu à peu, le vent tombe et une épaisse brume enveloppe le navire. On ne voit déjà plus à dix mètres, un étrange silence règne parmi les membres de l'équipage. Soudain, un choc violent à bâbord ébranle le navire et un cri sauvage retentit: «À L'ABORDAGE!» Ce sont les pirates du féroce Barbe Noire qui envahissent le pont. Une terrible bataille s'engage. Bientôt, tous les marins de *La Licorne* sont faits prisonniers et le capitaine est enchaîné au grand mât.

Les pirates crient de joie, lancent leur chapeau en l'air, défoncent les tonneaux de rhum et trinquent à leur grande victoire. Ils boivent jusqu'au matin, puis ils s'écroulent endormis.

Mais Miguel a eu le temps de se cacher. Lorsqu'il voit que tous les pirates dorment comme des bûches, il se faufile sans bruit près du grand mât et délivre son capitaine. Tous deux, ils enchaînent les pirates et libèrent leurs camarades.

C'est au son des «Viva Miguel!» poussés par l'équipage que Barbe Noire et sa bande se réveillent. Furieux de voir comment ils se sont fait prendre, ils hurlent comme des forcenés. On les enferme sans ménagement dans la cale où ils pourront contempler l'or qui a causé leur perte.

(11) Exemple de réponse:

La mystérieuse grotte des géomètres

Un après-midi du mois de janvier, Pascale fait de la plongée sous-marine dans la mer limpide des Caraïbes.

Soudain, la jeune fille remarque une forme étrange à moitié enfouie dans le sable.

Elle s'approche, dégage le sable et découvre une vieille poignée de fer rouillée. Elle gratte un peu plus et une porte apparaît sur laquelle est gravée: «Nul n'entre ici s'il n'est géomètre.»

«Géomètre, géomètre et demi!» se dit-elle en poussant sur la porte de toutes ses forces. La porte s'ouvre et l'eau s'engouffre dans l'ouverture en entraînant Pascale. Au bout de quelques minutes, elle se retrouve dans une immense grotte où la lumière pénètre grâce à une multitude de trous percés dans la voûte.

Des gens s'activent à la construction de machines bizarres. Un homme s'approche et, la menaçant d'un mousquet, lui dit d'un air belliqueux: «Vous n'êtes pas géomètre, vous! Dehors!»

Pascale, n'y comprenant rien, replonge et reprend le chemin inverse. Mais elle se promet bien de revenir avec du renfort pour percer ce mystère.

© 2008 Marcel Didier inc. — Reproduction interdite

5 Le poème

Vocabulaire

 Quadrille : danse de la fin du 18e siècle, exécutée par quatre couples de danseurs qui se font face en formant un carré.

Rigaudon : danse rapide à deux temps, qui était très à la mode au 17e et au 18e siècle en Provence, une région de France.

Cotillon : danse exécutée à la fin d'une soirée par six ou huit danseurs et danseuses qui font une chaîne en se tenant par la main.

Gigue : danse vive d'origine anglaise ou irlandaise, que l'on dansait surtout à la campagne. Au son du violon, les danseurs frappent en alternance du talon et de la pointe du pied.

 rustique

Enrichir les phrases

Les comparaisons

 La musique
Lorsque tu joues de la musique,
Surtout quand elle est folklorique,
Do ré mi fa sol la si do,
Je suis comme **un poisson dans l'eau**.

Lorsque tu joues de ton archet,
Par un matin d'automne frisquet,
Les sanglots longs de ton violon
Me rendent docile comme **un mouton**.

Lorsque tu joues du tambourin,
Avec notre cousin Firmin,
Tra la la li tra la la lère,
Je suis enfin libre comme **l'air**.

Lorsque tu joues sur ta guitare.
Un air d'Amadeus Mozart,
Et que nous marchons dans la brume
Je me sens léger comme **une plume**.

Écrire un poème

 Exemple de réponse :

Pour nourrir ma planète

J'ai mis dans ma gibecière	(1er vers – *J'ai mis…*)
Un morceau d'univers,	(2e vers – *J'ai trouvé dans ma poche*)
À travers jour et nuit	(9e vers – *L'oiseau du tour du monde*)
Un peu d'eau et de pain,	(7e vers – *Complot d'enfants*)
Quelques poux et du grain,	(6e vers – *J'ai trouvé dans ma poche*)
Pour nourrir ce matin	(7e vers – *J'ai trouvé dans ma poche*)
Ma planète en chagrin.	(8e vers – *J'ai trouvé dans ma poche*)
L'œil fatigué de voir et le corps engourdi,	(4e vers – *Le Relais*)
J'ai chaussé mes gros souliers,	(9e – *J'ai mis…*)
Et la route et le bruit sont bien vite oubliés !	(8e vers – *Le Relais*)

 a) On entre dans cette maison comme dans un moulin. On y entre **facilement**.
b) Sosthène était haut comme trois pommes. Il était **petit**.
c) L'accusé a juré qu'il était blanc comme neige. Il a juré qu'il était **innocent**.
d) Rodrigue est malin comme un singe. Il est **intelligent**.

Comme les dix doigts de la main

Raymond est sur le balcon,
sale comme **un cochon**.

Jean-Jules joue au funambule,
têtu comme **une mule**.

Pélage attend dans le garage,
sage comme **une image**.

Phaneuf a un béret neuf,
propre comme **un sou neuf**.

Confucius est assis en lotus,
riche comme **Crésus**.

Bob est caché dans le garde-robe,
pauvre comme **Job**.

Xavier est perdu dans ses papiers,
bête comme **ses pieds**.

Arnaud est perché sur l'escabeau,
sourd comme **un pot**.

Alice fait des caprices,
rouge comme **une écrevisse**.

Voilà Augustin Sanschagrin,
peureux comme **un lapin**.

© 2008 Marcel Didier inc. — Reproduction interdite

Résolution de problèmes

1 La logique

- 1er indice précis : Géronima doit s'asseoir sur la chaise du haut à gauche. Il faut écrire Géronima sur la chaise correspondante.

- 2e indice précis : Carmen doit s'asseoir sur la chaise du bas à droite. Il faut écrire Carmen dans la case correspondante.

- Deux autres indices précieux : Félicie doit s'asseoir à droite de Géronima ; Augustine doit s'asseoir à droite de Félicie. Il faut écrire Félicie et Augustine sur les chaises correspondantes.

- Puisque Lucrèce doit s'asseoir entre Augustine et Carmen, on peut maintenant écrire son nom sur la chaise correspondante.

- Puisque Barberine est sur la rangée du bas et que Blandine est à gauche de Barberine, on peut maintenant écrire leurs noms sur les chaises correspondantes.

- Puisque Inès doit s'asseoir entre Géronima et Blandine, on peut écrire son nom sur la chaise correspondante. Il ne reste plus qu'une chaise, c'est donc celle de Pélagie.

© 2008 Marcel Didier inc. — Reproduction interdite

2 • Magdaléna a vu la personne qui a arraché les fleurs, ce n'est donc pas elle. Il faut écrire **non** dans la case correspondante.

	a fait des graffitis	a cassé une lampe	a vidé la bouteille de parfum	a arraché les fleurs de la voisine
Magdaléna				**non**
Lucia				
Luigi				
Massimo				

• C'est un garçon qui a cassé la lampe. Ce n'est donc pas une fille. Il faut écrire **non** dans les cases correspondantes.

	a fait des graffitis	a cassé une lampe	a vidé la bouteille de parfum	a arraché les fleurs de la voisine
Magdaléna		**non**		
Lucia		**non**		
Luigi				
Massimo				

• La personne qui a vidé la bouteille de parfum ira au secondaire l'an prochain. Ce n'est donc ni Luigi puisqu'il a 5 ans, ni Magdaléna ni Lucia puisqu'elles iront au cégep. Il faut écrire **non** dans les cases correspondantes.

	a fait des graffitis	a cassé une lampe	a vidé la bouteille de parfum	a arraché les fleurs de la voisine
Magdaléna		non	**non**	**non**
Lucia		non	**non**	
Luigi			**non**	
Massimo	**non**	**non**	**oui**	**non**

On en déduit que c'est Massimo qui a vidé la bouteille de parfum et que ce n'est pas lui qui a fait des graffitis, ni cassé une lampe, ni arraché les fleurs de la voisine.

• On en déduit que Magdaléna a fait des graffitis. On écrit **oui** dans la case correspondante. On sait alors que ni Lucia ni Luigi n'ont fait de graffitis. On voit donc que c'est Lucia qui a arraché les fleurs. Enfin, puisque Luigi n'a pas arraché les fleurs, c'est lui qui a cassé une lampe.

	a fait des graffitis	a cassé une lampe	a vidé la bouteille de parfum	a arraché les fleurs de la voisine
Magdaléna	**oui**	non	non	non
Lucia	**non**	non	non	**oui**
Luigi	**non**	**oui**	non	**non**
Massimo	non	non	oui	non

Dans la bulle : Donc, si je comprends bien, **Magdaléna** a fait les graffitis, **Luigi** a cassé la lampe, **Massimo** a vidé la bouteille de parfum et **Lucia** a arraché les fleurs de la voisine.

© 2008 Marcel Didier inc. — Reproduction interdite

2 Additionner ou soustraire

1 **a)** Démarche :

Montant d'argent que possède Alexandrine : 189 $ + 50 $ + 35 $ = 274 $
(Puisque 280 > 274, Alexandrine n'aura pas assez d'argent.)

RÉPONSE : Non

b) Démarche : 280 > 274   **RÉPONSE :** 0 $
(Alexandrine n'a pas d'argent en plus, au contraire, il lui en manque.)

c) Démarche : 280 – 274 = 6   **RÉPONSE :** 6 $

d) Démarche :

Nombre de jours où il n'y a pas d'école : 22 + 4 = 26

Nombre de jours de classe qu'il reste : 78 – 26 = 52
(L'équation peut s'écrire sous la forme d'une chaîne d'opérations ; il faut
d'abord trouver la réponse de l'opération située à l'intérieur de la parenthèse :
78 – (22 + 4) = 52)

RÉPONSE : 52 jours

e) Démarche :

Température à la fin de l'après-midi : 5 + 10 = 15

Température en soirée : 15 – 8 = 7
(L'équation peut s'écrire sous la forme d'une chaîne d'opérations : 5 + 10 – 8 = 7)

RÉPONSE : 7 degrés

2 Démarche :

	Jour 1	Jour 2	Jour 3	Jour 4	Jour 5	Jour 6	Jour 7	Jour 8	Jour 9
Nombre de biscuits	23	20	17	14	11	8	5		

(Il s'agit d'une suite de nombres dont la règle est : – 3. En soustrayant 3 à chacun
des termes, on arrive à 5 au jour 7.)

RÉPONSE : 7 jours

3 Démarche :

	Jour 1	Jour 2	Jour 3	Jour 4	Jour 5	Jour 6	Jour 7	Jour 8
km parcourus chaque jour	5	7	9	11	13	15		
km restant à parcourir	55	48	39	28	15	0		

RÉPONSE : Ils feront le voyage en 6 jours.

3 Multiplier

1 **a)** Entourer 8 × 9.   **RÉPONSE :** 72 $
(Pour trouver le salaire que la caissière gagne chaque jour, on multiplie le salaire
qu'elle gagne en une heure par le nombre d'heures travaillées.)

b) Entourer 5 × 8.   **RÉPONSE :** 40 heures
(Pour trouver combien d'heures la caissière travaille par semaine, on multiplie
le nombre d'heures pendant lesquelles elle travaille chaque jour par le nombre
de jours pendant lesquels elle travaille chaque semaine.)

c) Entourer 5 × 9.   **RÉPONSE :** 45 $
(Pour trouver combien la caissière gagnerait par semaine, on multiplie son salaire
à l'heure par le nombre de jours pendant lesquels elle travaille chaque semaine.)

© 2008 Marcel Didier inc. — Reproduction interdite

2 Démarche :

Nombre de places dans les salles de monsieur Morin : 5 × 75 = 375

Nombre de places dans les salles de monsieur Martin : 3 × 125 = 375

RÉPONSE : Personne n'a raison (puisque leurs salles peuvent accueillir le même nombre de spectateurs).

4 Diviser

1
a) Entourer 324 ÷ 4.   RÉPONSE : 81 $
b) Entourer 36 ÷ 4.   RÉPONSE : 9 heures
c) Entourer 324 ÷ 36.   RÉPONSE : 9 $

2 Démarche :

a) 2 190 ÷ 365 = 6

b) 1 095 ÷ 365 = 3

RÉPONSES : a) 6 litres
          b) 3 bouteilles

5 Multiplier ou diviser

1
a) Le gardien du zoo distribue des bananes aux gorilles. Il sépare son lot de **97** bananes en **4** paquets égaux. Il lui reste **1** banane. Ensuite, il partage chacun de ses paquets en **8** petits paquets égaux. Puis, il distribue chaque petit paquet aux gorilles. Combien de bananes chaque gorille reçoit-il ?

b) Madame Balthazar a partagé également **135** cacahuètes entre ses **5** enfants pour qu'ils les distribuent équitablement à **3** gorilles. Combien chaque enfant a-t-il donné de cacahuètes à chaque gorille ?

2 LES PLANTES
Démarche :
70 × 70 = 4 900
Il a plus de **4 900** ans.

LA MÉTÉO
Démarche :
69 ÷ 3 = 23
Chaque grêlon pesait 1 kg et mesurait près de **23** cm de circonférence.

L'ARCHITECTURE
Démarche :
618 × 162 = 100 116
Dans la Chine ancienne, les empereurs habitaient dans la Cité Interdite, un immense palais entouré de murailles, qui comptait plus de **100 116** pièces.

6 Les quatre opérations

 a) Il manque 8 $ à Rachel pour acheter une bicyclette qui coûte 184 $. Combien a-t-elle d'argent ?

b) Rachel a acheté 8 livres. Elle a payé 184 $. Combien a coûté chaque livre ?

c) Rachel a acheté une bicyclette à 184 $ et un livre à 8 $. Combien a-t-elle dépensé ?

d) Le père de Rachel a acheté à chacun de ses 8 enfants une bicyclette qui coûtait 184 $. Combien a-t-il dépensé ?

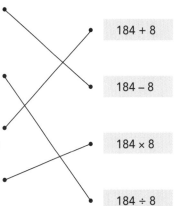

184 + 8

184 − 8

184 × 8

184 ÷ 8

 a) Anatole a acheté une raquette de tennis à **75 $** et **6** balles de tennis. Il a dépensé **93 $** en tout. Quel était le prix d'une balle de tennis ?

Démarche : 93 − 75 = **18**
(On enlève le prix de la raquette (75 $) au montant total des achats (93 $), ce qui permet de trouver le prix des 6 balles (18 $).)

18 ÷ 6 = 3
(Cette opération permet de trouver le prix d'une balle.)

Réponse : 3 $

b) Une famille se partage **3** paquets de biscuits. Il y a **48** biscuits dans chaque paquet et chaque personne reçoit **8** biscuits. Combien de personnes y a-t-il dans la famille ?

Démarche : 48 × 3 = **144**
(Cette opération permet de savoir combien il y a de biscuits dans les 3 paquets.)

144 ÷ 8 = 18
(Cette opération permet de savoir combien de portions de 8 biscuits on peut former avec les 144 biscuits et, par conséquent, combien de personnes recevront des biscuits.)

Réponse : 18 personnes

 a) Démarche :
Note totale des 4 examens d'Alexandrine : 49 + 65 + 78 + 84 = 276
Note unique obtenue 4 fois par Sophie : 276 ÷ 4 = 69
Réponse : 69

b) Démarche : 7 × 4 = 28
(Cette opération permet de trouver le nombre total de pattes des 7 agneaux.)
64 − 28 = 36
(Cette opération permet de trouver le nombre total de pattes des poussins.)
36 ÷ 2 = 18
(On divise par 2 puisque les poussins ont 2 pattes.)
Réponse : 18 poussins

c) Démarche :
Nombre d'autocollants qui restent : 98 − 46 = 52
Le double des autocollants qui restent : 52 × 2 = 104
Réponse : 104 autocollants

© 2008 Marcel Didier inc. — Reproduction interdite

d) Démarche :

Nombre total de places disponibles dans les 2 autobus : 48 × 2 = 96

Nombre total de personnes qui prennent l'autobus : 25 + 28 + 26 + 3 = 82

Nombre de places disponibles : 96 − 82 = 14

RÉPONSE : Oui

7 La numération

1 a) Lundi

Démarche :

247 = (2 × 100) + (4 × 10) + (7 × 1)

2 × 100 → 2 DC-9

4 × 10 → 4 jets

RÉPONSES : 2 DC-9, **4** jets, **7** personnes sur la liste d'attente

Mardi

Démarche :

368 = (3 × 100) + (6 × 10) + (8 × 1)

(Puisque les DC-9 (100 places) sont cloués au sol, on doit trouver combien il y a de dizaines dans 368.)

368 = (36 × 10) + (8 × 1)

36 × 10 → 36 jets

RÉPONSES : 36 jets, **8** personnes sur la liste d'attente

b) Vendredi

Démarche :

3 DC-9 → 3 × 100 = 300

4 jets → 4 × 10 = 40

7 personnes sur la liste d'attente → 7 × 1 = 7

RÉPONSE : 347 réservations

Dimanche

Démarche :

5 DC-9 → 5 × 100 = 500

8 personnes sur la liste d'attente → 8 × 1 = 8

RÉPONSE : 508 réservations

c) Démarche :

7 DC-9 → 7 × 100 = 700   42 jets → 42 × 10 = 420

700 + 420 = 1 120

RÉPONSE : 1 120 réservations

© 2008 Marcel Didier inc. — Reproduction interdite

2 Démarche :

Pour résoudre ce problème, il faut trouver le nombre de personnes nécessaire pour constituer des groupes de 2, de 3, de 4 et de 5, sans toutefois dépasser 50. Cela revient à chercher les multiples de chaque nombre.

- Si l'on fait des groupements de 2, il y aura toujours une personne seule. Il faut donc trouver les multiples de 2 et leur ajouter 1.

  Les multiples de 2 :
  2, 4, 6, 8, 10, 12, 14, 16, 18, 20, 22, 24, 26, 28, 30, 32, 34, 36, 38, 40, 42, 44, 46, 48.

  Les multiples de 2 augmentés de 1 :
  3, 5, 7, 9, 11, 13, 15, 17, 19, 21, 23, 25, 27, 29, 31, 33, 35, 37, 39, 41, 43, 45, 47, 49.

- Si l'on fait des groupements de 3, il y aura toujours une personne seule. Il faut donc trouver les multiples de 3 et leur ajouter 1.

  Les multiples de 3 : 3, 6, 9, 12, 15, 18, 21, 24, 27, 30, 33, 36, 39, 42, 45, 48.

  Les multiples de 3 augmentés de 1 :
  4, 7, 10, 13, 16, 19, 22, 25, 28, 31, 34, 37, 40, 43, 46, 49.

- Si l'on fait des groupements de 4, il y aura toujours une personne seule. Il faut donc trouver les multiples de 4 et leur ajouter 1.

  Les multiples de 4 : 4, 8, 12, 16, 20, 24, 28, 32, 36, 40, 44, 48.

  Les multiples de 4 augmentés de 1 : 5, 9, 13, 17, 21, 25, 29, 33, 37, 41, 45, 49.

- Si l'on fait des groupements de 5, personne ne sera seul. Il faut donc chercher les multiples de 5.

  Les multiples de 5 : 5, 10, 15, 20, 25, 30, 35, 40, 45.

- Il reste maintenant à trouver le ou les nombres qui reviennent dans toutes les listes. Seul le nombre 25 apparaît à la fois dans la liste des multiples de 2, de 3 et de 4 augmentés de 1 et des multiples de 5.

  RÉPONSE : 25 biologistes

3 Démarche :

Muguette est allée souper chez sa grand-mère aux dates qui sont les multiples de 2 :
2, 4, 6, 8, 10, 12, 14, 16, 18, 20, 22, 24, 26, 28, 30.

Adèle est allée souper chez sa grand-mère aux dates qui sont les multiples de 5 :
5, 10, 15, 20, 25, 30.

Muguette et Adèle se sont retrouvées chez leur grand-mère aux dates qui sont des multiples communs à 2 et à 5, soit les 10, 20 et 30 octobre.

RÉPONSE : Les 10, 20 et 30 octobre

4 Démarche :

Le chiffre 9 apparaît 9 fois dans les nombres inférieurs à 90 (9, 19, 29, 39, 49, 59, 69, 79, 89). Il apparaît 10 fois dans les nombres supérieurs à 89
(90, 91, 92, 93, 94, 95, 96, 97, 98 et 99).
Le premier paresseux va donc peindre **19** maisons.

Le chiffre 0 apparaît 9 fois dans les nombres inférieurs à 100
(10, 20, 30, 40, 50, 60, 70, 80, 90) et le nombre 100 contient lui aussi un zéro.
Le deuxième paresseux va donc peindre 9 + 1, soit **10** maisons.

Nombre de maisons peintes par les deux premiers paresseux : 19 + 10 = 29

Nombre de maisons peintes par le 3e paresseux : 100 – 29 = 71

RÉPONSE : Le 2e paresseux
(Puisque c'est lui qui repeindra moins de maisons que les autres.)

© 2008 Marcel Didier inc. — Reproduction interdite

8 Plusieurs solutions

1 Démarche :

Nombre de filles (4 yeux)	Nombre de garçons (2 yeux)	RÉPONSES
1 (4 yeux)	$50 - 4 = 46 \rightarrow 46 \div 2 = \mathbf{23}$	1 fille et 23 garçons
2 ($2 \times 4 = 8$ yeux)	$50 - 8 = 42 \rightarrow 42 \div 2 = \mathbf{21}$	2 filles et 21 garçons
3 ($3 \times 4 = 12$ yeux)	$50 - 12 = 38 \rightarrow 38 \div 2 = \mathbf{19}$	3 filles et 19 garçons
4 ($4 \times 4 = 16$ yeux)	$50 - 16 = 34 \rightarrow 34 \div 2 = \mathbf{17}$	4 filles et 17 garçons
5 ($5 \times 4 = 20$ yeux)	$50 - 20 = 30 \rightarrow 30 \div 2 = \mathbf{15}$	5 filles et 15 garçons
6 ($6 \times 4 = 24$ yeux)	$50 - 24 = 26 \rightarrow 26 \div 2 = \mathbf{13}$	6 filles et 13 garçons
7 ($7 \times 4 = 28$ yeux)	$50 - 28 = 22 \rightarrow 22 \div 2 = \mathbf{11}$	7 filles et 11 garçons
8 ($8 \times 4 = 32$ yeux)	$50 - 32 = 18 \rightarrow 18 \div 2 = \mathbf{9}$	8 filles et 9 garçons
9 ($9 \times 4 = 36$ yeux)	$50 - 36 = 14 \rightarrow 14 \div 2 = \mathbf{7}$	9 filles et 7 garçons
10 ($10 \times 4 = 40$ yeux)	$50 - 40 = 10 \rightarrow 10 \div 2 = \mathbf{5}$	10 filles et 5 garçons
11 ($11 \times 4 = 44$ yeux)	$50 - 44 = 6 \rightarrow 6 \div 2 = \mathbf{3}$	11 filles et 3 garçons
12 ($12 \times 4 = 48$ yeux)	$50 - 48 = 2 \rightarrow 2 \div 2 = \mathbf{1}$	12 filles et 1 garçon

(Si l'on observe les nombres qui indiquent les quantités de garçons, on remarque une régularité : 23, 21, 19, 17, etc. Cela signifie que l'on aurait pu trouver toutes les solutions possibles sans effectuer tous les calculs. En effet, enlever une fille (4 yeux) permet d'ajouter 2 garçons, soit deux fois deux yeux.)

2 Démarche :

(Les ? indiquent que les nombres donnés ne se divisent pas exactement par 8. On ne peut donc pas tenir compte de ces possibilités.)

Mouches (6 pattes)	Araignées (8 pattes)	RÉPONSES
1 ($1 \times 6 = 6$ pattes)	$98 - 6 = 92 \rightarrow 92 \div 8 = \mathbf{?}$	
2 ($2 \times 6 = 12$ pattes)	$98 - 12 = 86 \rightarrow 86 \div 8 = \mathbf{?}$	
3 ($3 \times 6 = 18$ pattes)	$98 - 18 = 80 \rightarrow 80 \div 8 = \mathbf{10}$	3 mouches et 10 araignées
4 ($4 \times 6 = 24$ pattes)	$98 - 24 = 74 \rightarrow 74 \div 8 = \mathbf{?}$	
5 ($5 \times 6 = 30$ pattes)	$98 - 30 = 68 \rightarrow 68 \div 8 = \mathbf{?}$	
6 ($6 \times 6 = 36$ pattes)	$98 - 36 = 62 \rightarrow 62 \div 8 = \mathbf{?}$	
7 ($7 \times 6 = 42$ pattes)	$98 - 42 = 56 \rightarrow 56 \div 8 = \mathbf{7}$	7 mouches et 7 araignées
8 ($8 \times 6 = 48$ pattes)	$98 - 48 = 50 \rightarrow 50 \div 8 = \mathbf{?}$	
9 ($9 \times 6 = 54$ pattes)	$98 - 54 = 44 \rightarrow 44 \div 8 = \mathbf{?}$	
10 ($10 \times 6 = 60$ pattes)	$98 - 60 = 38 \rightarrow 38 \div 8 = \mathbf{?}$	
11 ($11 \times 6 = 66$ pattes)	$98 - 66 = 32 \rightarrow 32 \div 8 = \mathbf{4}$	11 mouches et 4 araignées
12 ($12 \times 6 = 72$ pattes)	$98 - 72 = 26 \rightarrow 26 \div 8 = \mathbf{?}$	
13 ($13 \times 6 = 78$ pattes)	$98 - 78 = 20 \rightarrow 20 \div 8 = \mathbf{?}$	
14 ($14 \times 6 = 84$ pattes)	$98 - 84 = 14 \rightarrow 14 \div 8 = \mathbf{?}$	
15 ($15 \times 6 = 90$ pattes)	$98 - 90 = 8 \rightarrow 8 \div 8 = \mathbf{1}$	15 mouches et 1 araignée

(Si l'on observe les nombres qui indiquent les quantités d'araignées, on remarque une régularité : 10, 7, 4, 1. Cela signifie que l'on aurait pu trouver toutes les solutions possibles sans effectuer tous les calculs. En effet, chaque fois qu'on ajoute 4 mouches (24 pattes), on enlève 3 araignées (24 pattes).)

⑨ Les fractions

1 a) Démarche : La moitié s'écrit en fraction : $\frac{1}{2}$.

Le dénominateur (2) indique que l'ensemble doit être divisé en 2 parties égales.

$24 \div 2 = 12$; chaque partie contient 12 élèves. Donc $\frac{1}{2}$ de 24 = 12.

Nombre d'élèves souriants : 12.

(Ajouter des sourires à 11 des visages pour qu'il y ait 12 bouches souriantes en tout.)

b) Démarche : Le tiers s'écrit en fraction : $\frac{1}{3}$.

Le dénominateur (3) indique que l'ensemble doit être divisé en 3 parties égales.

$24 \div 3 = 8$; chaque partie contient 8 élèves. Donc $\frac{1}{3}$ de 24 = 8.

Nombre d'élèves impassibles : 8.

(Ajouter des bouches droites à 7 des visages pour qu'il y ait 8 bouches impassibles en tout.)

c) Démarche :

Le dénominateur (6) indique que l'ensemble doit être divisé en 6 parties égales.

$24 \div 6 = 4$; chaque partie contient 4 élèves. Donc $\frac{1}{6}$ de 24 = 4.

Nombre d'élèves tristes : 4.

(Ajouter des bouches tristes à 3 des visages pour qu'il y en ait 4 en tout.)

d) Démarche :

Le tiers s'écrit $\frac{1}{3}$.

$\frac{1}{3}$ de 24 = 24 $\div$ 3 = 8.

Nombre d'élèves qui portent des lunettes : 8.

(Ajouter des lunettes à 7 des figures afin qu'il y en ait 8 en tout.)

2 Démarche :

Annabelle a les $\frac{3}{4}$ de l'âge de Clémence. On peut donc représenter l'âge de Clémence par la fraction $\frac{4}{4}$. Pour représenter l'âge d'Annabelle, on doit séparer l'âge de Clémence en 4 parties égales et en prendre 3 parties.

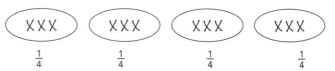

$$\frac{3}{4} = 9, \text{ donc } \frac{1}{4} = 9 \div 3 = 3$$

L'âge de Clémence est égal à $\frac{4}{4}$: $4 \times 3 = 12$

Réponse : Clémence a 12 ans.

3 Démarche :

La moitié des souris signifie $\frac{1}{2}$ de 12 ; 12 $\div$ 2 = 6 ; Jonas a donc donné 6 souris.

Le tiers des hamsters signifie $\frac{1}{3}$ de 6 ; 6 $\div$ 3 = 2 ; Jonas a donc donné 2 hamsters.

Nombre d'animaux que Jonas avait avant d'en donner : 12 + 6 = 18

Nombre d'animaux qu'il a donnés : 6 + 2 = 8

Nombre d'animaux qu'il lui reste : 18 − 8 = 10

Réponse : Il lui reste 10 animaux.

© 2008 Marcel Didier inc. — Reproduction interdite

4 Démarche :

Nombre d'éclairs donnés par la cuisinière : $\frac{1}{4}$ de 36 = 36 ÷ 4 = 9

Nombre d'éclairs qu'il lui reste : 36 − 9 = 27

Nombre d'éclairs déposés dans les assiettes : $\frac{2}{3}$ de 27 = 27 ÷ 3 = 9 ; 9 × 2 = 18

(On multiplie par 2, car la cuisinière prend deux groupes sur 3.)

Nombre d'éclairs déposés dans chaque assiette : 18 ÷ 3 = 6

RÉPONSE : Il y a 6 éclairs dans chaque assiette.

10 Les nombres à virgule

1 a) Démarche :

| 4,99 |
| 5,75 |
| 3,09 |
| 2,80 |
| + 0,99 |
| 17,62 |

RÉPONSE : 17,62 $

b) Démarche :

| 50,00 |
| − 17,62 |
| 32,38 |

RÉPONSE : 32,38 $

c) Démarche :

| 2,25 |
| 3,75 |
| + 2,25 |
| 8,25 |

RÉPONSE : 8,25 $

ou bien

2,25	4,50
× 2	+ 3,75
4,50	8,25

11 Les statistiques

1 a) 100 km

b) Vrai

c) Non (Distance Rouyn/Chicoutimi : 1 080 km ;
distance Rouyn/Rimouski : 1 155 km ; 1 080 < 1 155)

d) Rouyn et Gaspé
(Il faut chercher la plus grande distance indiquée dans le tableau, soit 1 556 km.
En lisant les noms des 2 villes inscrits à l'horizontale et à la verticale, on voit que
c'est la distance entre Rouyn et Gaspé.)

e) Montmagny et Québec
(Il faut chercher la plus petite distance indiquée dans le tableau ; c'est 53.
En lisant les noms des 2 villes inscrits à l'horizontale et à la verticale, on voit
que c'est la distance entre Montmagny et Québec.)

f) Distance de Montréal à Mont-Laurier : 238 km

Distance de Montréal à Montmagny : 301 km

Différence entre ces distances : 301 − 238 = 63 km

RÉPONSE : 63 km

g) Distance de Sherbrooke à Trois-Rivières : 148 km

Distance de Trois-Rivières à Québec : 134 km

Distance de Québec à Sherbrooke : 209 km

Distance totale : 148 + 134 + 209 = 491 km

RÉPONSE : 491 km

Les probabilités

 Initiales des parfums : abricot (A), bleuet (B), fraise (F), orange (O), pêche (P), vanille (V).

Si on associe chaque parfum avec chacun des autres parfums, on obtient :

AB, AF, AO, AP, AV, BA, BF, BO, BP, BV, FA, FB, FO, FP, FV, OA, OB, OF, OP, OV, PA, PB, PF, PO, PV, VA, VB, VF, VO, VP.

Il faut enlever les mélanges qui sont équivalents, car mélanger des abricots et des oranges ou des oranges et des abricots, cela donne évidemment le même résultat. Une fois que l'on a ainsi épuré la liste, il reste : AB, AF, AO, AP, AV, BF, BO, BP, BV, FO, FP, FV, OP, OV, PV.

RÉPONSE : Madame Panini peut obtenir 15 arômes différents.

 a) Rouge, bleue ou verte.

b) Rouge (puisqu'il y a plus de chaussettes rouges que de chaussettes des autres couleurs.)

c) Verte (puisque ce sont les chaussettes vertes qui sont en plus petit nombre.)

d) Si la première chaussette est rouge, la 2e peut être rouge, bleue ou verte, ce qui donne les résultats RR, RB et RV.

Si la première chaussette est bleue, la 2e peut être rouge, bleue ou verte, ce qui donne les résultats BR, BB et BV.

Si la première chaussette est verte, la 2e ne peut être que rouge ou bleue puisqu'il n'y a qu'une chaussette verte ; cela donne les résultats VR et VB.

Certains résultats sont équivalents : RB et BR, RV et VR, BV et VB.

RÉPONSE : RR, RB, RV, BB, BV

La mesure

1 Démarche :

Périmètre du cinéma de monsieur Morin : 42 + 23 + 42 + 23 = 130 m
ou 2 × (42 + 23) = 2 × 65 = 130 m

Périmètre du cinéma de monsieur Martin : 33 + 33 + 33 + 33 = 132 m
ou 4 × 33 = 132 m

RÉPONSE : Monsieur Martin
(C'est monsieur Martin qui a raison puisque sa gouttière mesure 2 m de plus que celle de monsieur Morin.)

2 Démarche :

Longueur de la clôture : 35 + 2 = 37 m
(Il faut ajouter 2 m puisqu'il y a 1 m de plus à chaque extrémité de la longueur.)

Largeur de la clôture : 15 + 2 = 17 m
(Il faut encore ajouter 2 m puisqu'il y a encore 1 m de plus à chaque extrémité de la largeur.)

Périmètre de l'espace clôturé : 37 + 17 + 37 + 17 = 108 m
ou 2 × (37 + 17) = 2 × 54 = 108 m

RÉPONSE : 108 m

© 2008 Marcel Didier inc. — Reproduction interdite

3 Démarche :

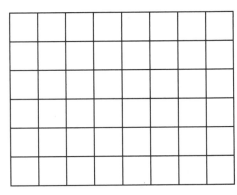

- Le mur du fond : le long du mur, en bas, on peut dessiner la forme 8 fois. On doit répéter cette opération 6 fois pour couvrir toute la hauteur du mur. Ce mur peut donc être recouvert de 6 × 8, soit 48 morceaux.

- Le mur de droite : un morceau triangulaire ne couvre que la moitié d'un carré utilisé pour le mur du fond. Il y aura donc deux fois plus de triangles que de carrés, soit 48 × 2 = 96.

- Le mur de gauche : un morceau rectangulaire couvre le double d'un carré utilisé pour le mur du fond, il y aura donc deux fois moins de rectangles que de carrés, soit 48 ÷ 2 = 24.

  RÉPONSES : Mur du fond : 48 morceaux
  Mur de droite : 96 morceaux
  Mur de gauche : 24 morceaux

4  a) Démarche :

Camion A : 2 × 5 = 10 boîtes par étage ; 10 × 3 = 30 boîtes
Camion B : 2 × 4 = 8 boîtes par étage ; 8 × 4 = 32 boîtes
Camion C : 2 × 7 = 14 boîtes par étage ; 14 × 1 = 14 boîtes

RÉPONSE : Dans le camion B

b) Démarche : 30 + 32 + 14 = 76
RÉPONSE : 76 boîtes

5  a) Démarche :

750 + 50 + 250 + 200 = 1 250 mL

1 250 mL = 1,250 L

On peut utiliser un tableau de conversion : on place 1 250 de façon à ce que le 0 soit dans la colonne des mL ; puisque l'on veut obtenir des L, on met une virgule après le 1 qui est dans la colonne des L.

L	dL	cL	mL
1,	2	5	0

RÉPONSE : 1,25 litre

b) Démarche :

1 250 mL = 125 cL

On peut utiliser un tableau de conversion : on place 1 250 de façon à ce que le 0 soit dans la colonne des mL ; puisque l'on veut obtenir des cL, on met une virgule après le 5 qui est dans la colonne des cL ; comme le chiffre après la virgule est un zéro, on peut simplement le supprimer.

L	dL	cL	mL
1	2	5,	0

125 ÷ 5 = 25 cL
(On divise la quantité totale de jus par le nombre de verres pour obtenir la quantité qu'il y aura dans chaque verre.)

RÉPONSE : 25 centilitres

© 2008 Marcel Didier inc. — Reproduction interdite

6 **a)** Démarche :

1 semaine = 7 jours

3 semaines = 3 × 7 = 21 jours

La date de l'anniversaire d'Alexandrine : 5 + 21 = 26

RÉPONSE : Le 26 octobre

b) Pour répondre à cette question, il faut savoir combien il y a de jours aux mois d'août et de septembre. Voici un truc.

- Fermer le poing. Lorsque l'on regarde le dessus de son poing, on voit 4 bosses (qui sont les jointures) et 3 creux entre les bosses.

- On récite les mois de l'année, en commençant par le mois de janvier, et en se déplaçant de bosse en creux : janvier (1re bosse), février (1er creux), mars (2e bosse), etc.

- Lorsque l'on arrive à la dernière bosse (juillet), on revient à la première (août) et l'on continue. Tous les mois qui correspondent à une bosse comptent 31 jours, ceux qui correspondent à un creux comptent 30 jours (à l'exception de février qui n'en a que 28).

Démarche :

Nombre de jours barrés en août : du 24 au 31 août ; 31 − 23 = 8
(Attention ! On ne peut faire 31 − 24, car cela signifierait qu'Alexandrine n'a pas fait de marque sur son calendrier le 24. En fait, il y a 23 jours où elle n'a pas fait de marque au mois d'août.)

Nombre de jours marqués en septembre : 30 jours

Nombre de jours marqués en octobre : 5
(puisqu'elle écrit son journal le 5 octobre, c'est ce jour-là que se situe la dernière marque.)

Nombre total de marques : 8 + 30 + 5 = 43

RÉPONSE : 43 jours

c) Démarche :

Une minute = 60 secondes

Nombre de gouttes entendues en 1 minute : 60 ÷ 3 = 20

1 heure = 60 minutes

Nombre de gouttes entendues en 1 heure : 20 × 60 = 1 200

RÉPONSE : 1 200 gouttes

© 2008 Marcel Didier inc. — Reproduction interdite